JN024328

落語の行間 日本語の了見

重金敦之
Shigekane Atsuyuki

左右社

まえがき

二〇二一（令和三）年から「大学入試センター試験」に代わって、「大学入学共通テスト」が実施される。もちろん名前だけが変わるわけではない。すでに新しい学習指導要領が準備されているが、なかでもとりわけ注目を浴びているのが国語教育だ。大学入試の制度が変わるということは、高校、中学、小学校の国語教育に影響を及ぼすこと、いうまでもない。仄聞するに、新しいカリキュラムは実用的な文章と論理的な文章に重きが置かれている。

首都圏のさる大学でマスメディア論やジャーナリズム論の講座を担当した経験からすると、講義の実質は大学の講座というよりも、高校の現代文の授業といった方が適切で、退職する頃は中学校の一般社会の先生の気分だった。

専攻の研究対象というわけではないが、ゼミナールの授業では落語を聞いたり、句会を催したこともある。短期間の経験ではあったが、小学校時代の教育と家庭での「しつけ」がいかに重要であるかを痛感した。初歩の常識と教養といってもいい。

落語に出てくる言葉の中から、なるべく『広辞苑』に載っていないような、地口《じぐち》や洒落、むだ口、俚諺《りげん》に符丁《ふちょう》や隠語といった「はみ出し語」に興味をおぼえた。言葉の大海には必ず生息している水母《くらげ》か藻屑だかも歴としない「塵《ちり》」みたいな存在だ。これらの言葉を採取しながら、大海を遊弋《ゆうよく》、漂流した結果がここにある。

と、大仰に太刀を振り上げてみたものの、そもそも落語には「定本」なるものが存在しない。あくまでも口伝による話芸の継承だから内容はともかく、言葉の用法は演者や高座の場によって毎回異なることになる。古語とまではいわないが、現代人には通用しない「死語同然」の古風な用法やすでに失われた行事、風習や職業が今なお登場する。

落語家がお客の国語力を忖度し、さらに諸般の事情を勘案した結果、次第に消えつつある事象や用語をあえて使わなくなっているのが実情だ。故事や習慣、習俗、言葉の意味などを懇切丁寧に説明しないと、肝心要のさげが伝わらず、聞いているお客は怪訝な表情を浮かべることになる。喋っている落語家本人だって、どこまで理解しているのか、きわめて疑わしい。若い人にはわからないからといって、消えゆくままにして差支えないものなのか。そんなことを考えるささやかな縁《よすが》ともなれば、望外の喜びだ。

中学、高校の後輩で、私の「押しかけ弟子」を自称する横浜で診療所を開設している神経科医（老年精神医学、音楽療法）のシンちゃんとの二人旅となった。シンちゃんは私から何を学ぼうとしているのか、よくわからないが、テニスのほかにもワインや食卓、ファッションなど本業以外のことだと、いたるところで私の影を追ってくる。敬虔なカソリック信徒で、ウイグル語の詩を邦訳し、バイオリンを嗜み、囲碁にも興味があるといった案配で、多彩な好奇心の持ち主だ。

私が「本当は医者志望の患者なのです」と、あまり出来の良くない失礼なジョークで人に紹介すると、当人は真面目に反論する。もちろん、歴とした医師に間違いはないのだが、ややもするとジョークを真に受ける人がわずかにいるのも事実だ。

落語だと藪井竹庵、甘井養寛ということになるのだが、竹庵でも養寛でもないシンちゃんは私をキョージュと呼ぶ。「いったん大学教授を務めれば、大使と同じで敬意を込めて終世『教授』と呼んで差支えない」という理屈らしい。しかし敬意よりは揶揄の意のほうに比重が掛かっているように思えてならない。

◇目次◇

装画　村上豊
装丁　神田昇和

落語の行間　日本語の了見

第一話

志ん生の「フラ」と文楽の「本寸法」

昭和の落語界の名人、といえば多くの人が五代目古今亭志ん生《ここんていしんしょう》と八代目桂文楽《かつらぶんらく》の二人を挙げる。芸風がきわめて対照的なのも、双璧と称えられる理由だ。

古今亭志ん生の本名は美濃部孝蔵《みのべこうぞう》。一八九〇（明治二三）年、神田で生まれた。父親は巡査だった。祖父は徳川の直参で、槍の指南番を勤め三千石の知行があった。名前の孝蔵には大きくなって蔵の一つも建ててくれれば、という願いが込められていた。小学校も出ずに十五歳で家を出ると、蔵どころか生涯にわたる借家暮らしで両親の死に目にも会わず、八十三歳でこの世を去った。四十まではほとんど無名といっていい。酒、女性、博打におぼれ、生まれた日付から両親の名前まで誤って記憶していた。

私が朝日新聞社に入社したのは一九六四（昭和三九）年で、「週刊朝日」に配属となり最初に担当した小説が直木賞候補にもなった結城昌治《ゆうきしょうじ》の『白昼堂々』（一九六五年）だった。そんな縁もあって、再び七八（昭和五三）年八月から約一年にわたって連載された小説『志ん生一代』（朝日新聞社、一九七七年）も、私が担当することになった。若い時分から寄席に通いつめていた結城は落語家に知己も多く、志ん生を描くには最適の作家だった。『志ん生一代』があくまでも小説であることはいうまでもないが、しばらくは結城昌治の筆に沿って、志ん生の足跡をたどってみたい。

落語家仲間での孝蔵の評判は芳しいものではなかった。祝儀、不祝儀のつき合いはしない。金があれば、すぐ博打（落語家仲間では「モートル」という。モーターから来たと思われるが理由は判然としない）か、女遊びに使ってしまう。師匠から預かった着物（トバという）を質屋へ入れてしまったこともある。トバとは、窃盗仲間の隠語と『かくし言葉の字引』（宮本光玄著、誠文堂、一九二九年）にあり、「身装又は衣類のこと。役者語にも用ふ」と記されている。語源は『警察隠語類集』（警視庁刑事部、一九五六年）によると「狩猟の際身をかくすため草木でつくつた囲のことで転じて衣服をいう」と説明されている。擬装された「隠し小屋」から、生まれた言葉らしい。

若い頃はなかなか売れなかった。飲む、打つ、買うに加えて、評判が良くない決定的な理由は性格がずぼらだった点にある。世渡りの術というか、人付き合いが下手な上に、酔って舞台に穴を開けるなど、悪行、愚行は数知れない。

小学校を中退同然で家を飛び出して以来、働く気はあったが仕事は長続きしなかった。唯一好きだったのが落語だ。町内に住む芸事好きが集まる天狗連で、落語を演じている時だけが張合いだった。東京だけで百二、三十軒の寄席があった時代だ。浅草で鼻緒の職人をやっていたころ、本職の落語家から褒められたことがある。

〈「あんたははなし家になれるね。フラがあるよ」

客演できた三遊亭円盛に言われた。端席でなら真打格という二つ目で、あまり落語は上手くないが、とにかく本職の落語家である。その円盛に言われたのだ。

孝蔵は嬉しかった。

フラというのは落語界の用語で、どこともいえないおかしさをいう。天分のようなものだから、稽古で得られるものではない。うまさとも別で、フラがあるから名人になれるともいえないが、芸人の素質にかかわる褒め言葉である。〉

（『志ん生一代』）

話し方や体の動きといった技術的なことではなく、高座に上がっただけでなにかおかしみを感じさせるもって生まれた「天賦の才」といえる。

円盛は孝蔵が最初に知った本職の落語家で、初の師匠でもあった。円盛の紹介で三遊亭小円朝（二代目）の弟子になり、三遊亭朝太の名前をもらった。一九一〇（明治四三）年、孝蔵は二十歳になっていた。以来、実に亭号（芸名）を十数回変えている。

一九一六（大正五）年、三遊亭円菊と改名して二つ目に昇進する。といっても相変わらずの貧乏暮らしで、羽織一枚買えなかった。

一九一八（大正七）年には六代目金原亭馬生の門下となり、金原亭馬太郎と改名、さらに吉原朝馬、全亭武生《ぜんてえぶしょう》と名前を変える。

初代の武生は、師匠から「お前は全体無精《ぜんてえぶしょう》でいけねえ」と怒られたため、その小言をそのまま亭号にしたといわれる。名前を頻繁に変えるのは、思うように人気が出ないので縁起を担いだ面もあるが、仲間の女性関係のとばっちりから追い回してくる土地のやくざや、借金取りから逃げる方策でもあった。

一九二一（大正一〇）年に金原亭馬きんと改名して真打に昇進した。羽二重の着物に羽織、袴、配りものにする名前を入れた手ぬぐいや扇子などに楽屋うちの祝儀も加えれば、少なく見積もっても当時の金で百円くらいはかかる。大学卒の初任給が六十円から七十円の時代だった。鈴本の席亭が用立ててくれたが、本人に渡すのが早かった。真打披露の経費はすぐに使い果たし、誂えた着物は質屋に消えた。ふた月以上も前にもらったものだから、何も残っていない。

披露当日の格好といえば、楽屋で友達から借りた羽織の下は、寝間着同然だった。

「トバ（着物）を見せるんじゃねえ、はなしを聞かせるんだ」と自分に言い聞かせ、度胸が決まった。金を用立てた席亭は馬きんの格好を一目見ると、呆れ返った顔で不機嫌そうに楽屋から出ていった。

馬きんは、「淀五郎」を演《や》ることにした。「中入り前」は、講釈師の小金井蘆州が出てくれた。「中入り前」は前半を締めくくる役どころだから最後に登場する「トリ」の次に重要な出番となる。

中入り後に金原亭馬生と小金井蘆州が口上を述べた。中入り直後の出番は「くいつき」あるいは、「かぶりつき」ともいうが、休憩や飲食で、ざわざわした雰囲気を少し締めなくてはいけない。まだ食べたものの匂いが残っている場合もある。普通は二つ目くらいの落語家の役目だが、師匠の馬生が務めてくれた。

トリの前は「ひざ代わり」で、奇術や音曲などの色物が入ることが多い。お目当てのトリを引き立てる役目だから、あまり目立ってはいけないし、だれさせても困る。関西では「モタレ」という。「くいつき」から「ひざ代わり」の間に、一席入ることがある。「ひざ前」という。トリの二つ前になる勘定で、「ひざ代わり」の前だから「ひざ前」だ。

真打に昇進して二年後、古今亭志ん馬と改名した。そのころの話だ。正月の初席の「ひざ前」に出て、「芝浜」をみっちりやった。自分の役分はわかっていたが、数人の客の注文に応えたのだ。話しているうちに、お客の反応がひたひたと伝わってきた。自分でも乗ってきて、途中で止めることができなかった。「ひざ前」は人情噺でも差支えないのだが、軽く済ませるのがトリに対する礼儀でもあった。

たまたまトリが悪かった。トリの春風亭華柳を怒らせてしまった。牛込の師匠といわれ、人望もあるのだが、落語はあまり客に受けなかった。古くからの仲間、金原亭延生らが「華柳さんに謝った方がいい」といっても、志ん馬は頑なに応じなかった。「俺は真打といってもまだまだヒヨッコだ。文句があるなら、芸で勝負したらいいんだ」といいはる。

正論だが、それでは世の中渡っていけない。愛想がよくないから、楽屋に入っても師匠たちに挨拶したのかしないのかわからない。

「たとえば文楽さんを見てごらんよ。芸人は客にも師匠にも席亭にも可愛がられるようでないと、育つ芸も育ちそこなうっていうぜ」

周りが必死にいさめたが、志ん馬はいっかな聞く耳を持たなかった。

一九二二（大正一一）年、三十二歳で結婚した。真打といっても、名ばかりで芸は売れなかった。貧乏暮らしは相変わらずで、妻のりんは内職に精を出していた。

二四（大正一三）年には長女美津子が生まれた。この年、講談で人気の小金井蘆州に弟子入りし、小金井蘆風という名で講釈師になって旅（巡業）に出たこともある。数々の不義理が重なって、寄席に出られなくなったのだ。自分では、講談にも相応の才能があるとは思っていたが、友人たちからは「セコ（下手）すぎる」と散々だった。

二六（昭和元）年に古今亭馬生と改名して落語界に復帰し、すぐに古今亭ぎん馬と改めた。

柳家三語楼の門下に移り、今度は柳家東三楼と名前を変えた。さらに柳家甚語楼と改名した。

少しずついい席に出られるようになったものの、師匠の三語楼からは「あいつは駄目だよ、蛸《たこ》だ」と烙印を押された。「自分の身を食ってしまう」という意味だった。

トリというのは、入場料収入を席亭との話し合いで分配して受け取るところから生まれた言葉だ。寄席でトリを取る（現在は「主任」と呼ばれ、最後に高座へ上がる）というのは、十日間興行のいわば「座長」で、二日ごとに給金（ワリ）を出演者全員に割り振るのが、トリの責任だった。「中入り前」を「中トリ」と呼ぶ人もいるが、「トリ」はあくまでも一人だから、厳密にいうとおかしい。「大トリ」という言葉も本来はない。ＮＨＫが大晦日の「紅白歌合戦」の紅組、白組で使っているだけだ。

原則として、トリは倍額を受け取れるが、自分より先輩格の真打が助演者（スケ）に入っている場合は、自分から持ち出してでも上乗せするのが流儀だった。

どのくらいの客が入ったかは、客席を見ればすぐわかる。東三楼は、誰が見ても百五十人は入っているのに、百人分のワリしか出さなかった。周囲からは「狡《せこ》いことをしやがる」といわれ、助演者は途中で抜けていく。この種の評判はすぐに席亭や仲間の知るところとなり、「東三楼のトリはごめんだよ」となってしまう。

孝蔵の博打は強いかというと、そうでもない。小心者なのに、妙に度胸が据わることがある。

気が小さくて勝運《つき》を逃がし、度胸が良すぎて大敗した。

後に文部大臣芸術祭賞を受賞（一九五六年）した「お直し」のまくらで「博打は負けると決まっていたら、誰も手を出しませんよ。勝つこともあるから、かあァッとなって、引っかかっちゃうんで……ねえ」と話しているのには、実感がこもっている。


一九二八（昭和三）年、三十八歳になった。長男の清（十代目金原亭馬生）が生まれ、本所の業平橋近くの長屋に引っ越した。現在の東京スカイツリーが建っている辺りだ。新築にもかかわらず、家賃はいらないといわれたので飛びついた。沼を埋め立てたような湿地で、夏は蚊の大群が押し寄せ、油虫や鼠が昼間から走り回った。雨が降れば、どぶ板が浮かび床板すれすれまで水位が上がる。年中なめくじが家の中をはいずり回り、壁に這った跡が、銀色に光っていた。皆は「なめくじ長屋」と呼んだ。

特に雨上がりの時などは、大きいのから小さいのまで、昼夜を問わず四方八方から戦艦、巡洋艦、駆逐艦などが攻めたててくる図に見えた。その長屋の様子を徳川夢声が「なめくじ艦隊」と称して、随筆に書いた。

その題をいただいて一九五六（昭和三一）年、自分の半生に芸談を加え、『志ん生半生記　なめくじ艦隊』（朋文社、一九五六年）を出版した。矢野誠一の文庫解説によれば、聞き書きは弟子の金原亭馬の助とある。

このころ噺家仲間で川柳の会ができた。噺家の会だから、「鹿連会」という。そこで甚語楼は次の句を詠んだ。

なめくじは煮ても焼いても食えぬやつ

甚語楼は、真剣になめくじを食べてみようと思ったが、なまこも嫌いだったからどうしても口に入れられなかった。

二〇一八年の十一月、オーストラリアのシドニーで、なめくじを食べた二十九歳の男性が八年にわたる闘病の末に死亡した。二〇一〇年に屋外で友人らとワインを飲んでいた青年は、テーブルに現れたなめくじをおふざけ半分でワインとともに飲み込んだ。「広東住血線虫症《かんとんじゅうけつせんちゅうしょう》」と診断され、一年以上も昏睡状態が続いた。なめくじの寄生虫が脳に感染したのだ。国立感染症研究所によると、この寄生虫はほぼ全世界に分布し日本にもいる。カエルやカタツムリにも寄生するが、熱を通して食べれば問題はない、とのことだ。

それにしても、志ん生は食べなくて良かったというべきだろう。

一九三〇（昭和五）年には、隅田川馬石《すみだがわばせき》と改名してすぐ甚語楼に戻る。翌々年には古今亭志ん馬（二度目）と改名し、また二年後の三四（昭和九）年には金原亭馬生（七代目）を継いだ。三八（昭和一三）年に次男の強次（三代目古今亭志ん朝）が誕生。翌年、念願だった五代目古今亭志ん生を襲名する。数えでちょうど五十歳になる。ここにたどり着く迄に、十六ほど名前を変えている。「これで打ち止めにする」と言い張ったが、志ん生の名跡で、あまり長く生きた人はいなかった。周囲からも「志ん生の名前は止したほうがいいんじゃないか」という声が上がった。しかし、「俺は本当に志ん生になりたかったんだ」と、押し通した。志ん生を継ぐとなれば、襲名披露をしなくてはならない。ここでも、金が無かった。

祝儀を目当てにして、上野の精養軒で襲名披露が行われた。仕切ったのは実力者の講談師、一龍斎貞山《いちりゅうさいていざん》で、襲名も貞山が押してくれた。会場費が本当に払えるのか、落ち着かない志ん生はひたすら頭を下げ続けていた。妻のりんも同じ気分だった。会場費は貞山が払ったうえ、祝儀は志ん生の手に触れさせず、そっくり妻のりんに手渡してくれた。すべてご明察なのだった。

志ん生の芸が認められ、一九四一（昭和一六）年には神田の花月で毎月独演会を開いた。演目の幅は人情噺から廓噺《くるわばなし》まで実に広かった。しかし、「気分屋」なのは相変わらずで、気が乗れば実に素晴らしい出来になるが、少しでも気に障るようなことがあれば、五分で高座を下りた。まくらと本題の噺が食い違い、噺の途中でいつのまにか別の噺になってしまうこともあった。よく言えば、当意即妙。予想もつかないような変事や事故が出来しても、慌てるようなことはなかった。機に臨み、変に応じて冷静に対処する。小心者ではあるが、開き直ると意外に図太い神経を発揮した。

二年後の一九四三（昭和一八）年長男の清が、父志ん生の弟子になった。少年飛行兵を志望したが、虚弱だったため身体検査で落ちてしまった。当時はぶらぶらしていると、国民徴用令があり、強制的に軍需工場などで働かされる。落語家になれば、工場の慰問にまわる仕事があって徴用に掛からないと、志ん生は考えたのだ。芸名はむかし家今松。志ん生が好きだった先代志ん生の二つ目の名前だ。「たぬき」「道灌《どうかん》」「子ほめ」の三つを父から教わっただけで高座に上がった。

一九四五（昭和二〇）年五月、志ん生は六代目三遊亭円生と満州へ軍属の公式慰問興行に出かける。日増しに東京上空に現れる米軍機の数が増え、体験したことのない空襲の激しさに堪えられなかったからだ。興行先の大連で敗戦を迎え、帰国したのは、一九四七（昭和二二）年の一月だった。引き揚げたくても迎えに来る船が来なかった。

志ん生の噺のまくらには、定評がある。意外性というのか、奇想天外で八方破れともいえる。しかし、その分いい加減でもある。落語家が前座修業で、最初に習う噺のひとつに「道灌」がある。志ん生は「道灌」のまくらでこんなことを喋っている。

「落語っていうものはっ、小話というかっ、地口が集まってできてるっ、てなところがありますな」といって、隠居さんが八五郎に語りかける。

「蛸《たこ》が山に登って、寝てるな」

「何です?」

「タコネ(箱根)山」

ちゃんと、ア段、オ段、エ段の韻を踏んでいる。これが「烏賊《いか》が山に登って、寝てるから、イカネ山」では、おかしくも何ともない。

こんな地口もある。古い漢詩にある「李下に冠を正さず　瓜田《かでん》に履《くつ》を納《い》れず」をもじって「じかに帽子をかぶらず　おでんに靴をはかず」など、よく分からないことをいう。

噺の中でもあまり意味のない「くすぐり」が入る。今では、ほとんど高座に掛からない演目に「坊主の遊び」がある。

酒癖の良くない床屋が吉原《なか》へ上がって、敵娼《あいかた》の髪を剃って坊主にしてしまう、という奇怪な嗜虐趣味のあるシュールな噺だ。

妓楼の前で妓夫太郎《ぎゅうたろう》(客引き)が、手を揉みながら床屋に声を掛ける。

「いらっしゃいまし。…え…お手軽さまに……いかがさまで……」

「お手軽さまでも、お手重《ておも》さまでも、そんなこたあかまわねえや……」

これも志ん生独特の洒落というのか、言葉遊びのひとつだ。

シンチャンは、あまりこの手の話は得意ではない。何しろ医学を専門とする科学者だから「蛸が山に登って寝るわけがないでしょう」などと理詰めで考えるので、面白味がわからない。真面目で洒落や冗談が通じないところがある。自分でも、「私は蛍光灯ですから」と半ば認めている。蛍光灯はスイッチが入ってから、明るくなるまでに、一瞬の間がある。そこで理解するまでに時間がかかる人のことを「蛍光灯」といったのだが、この洒落もLEDの現代には、通用しなくなってきた。へりくだって自虐的なもの言いをすることも多いシンちゃんだが、表向きの格好だけで実際はなかなかの自信家なのだ。

◎——立て過ごしと横過ごし

と、まあ、志ん生の横顔は、まくらみたいなもので、本題に入る。今はあまり使わない言葉に「立て過ごす」がある。『広辞苑⑦』（岩波書店。以後、このように、第七版は⑦と表記する）には載ってないので、『日本国語大辞典』（小学館。以後『日国』と表記する）を引くと、「一方が働いて、他方を食べさせる。特に、女が働いて稼ぎ、男を食べさせてやる。女が男を養う」とある。

辞書で「立て」を引いていたら、「立て通す」という言葉にぶつかった。『大辞林』（三省堂、一九八八年）には、「最後まで考えや態度を変えずに押し通す」とあり、「義理を立て通す」と「操を立て通す」の例が載っていた。次に「過ごす」を『日国』で引いてみると、「生活のめんどうをみる。養う」とある。「母を過ごす」とは母を養う意味だ。その昔は「男が養う」のが一般的だった。逆に「女が男を養う」から特別な言い回しが生まれた。

あくまでも女が主体的に養うので、実態は男から見た「ヒモ」に近いのかもしれないが、ちょっとニュアンスが違う。男の側にも、「まっとうさ」が要求される。海のものとも山のものともわからない男性を、どこか見どころがあると女性が睨んで、金銭的な面だけでなく、裏に回って援助するのが、「立て過ごし」だ。

元は新橋の芸者で、外交官と結婚後アメリカへ渡り、日本の古典芸能の紹介に尽力した中村喜春の『いきな言葉　野暮な言葉』（草思社文庫、一九九二年）を繙くと、次のように書かれている。

〈芸者に立てすごされて偉くなった政治家や実業家、画家、文士（作家）、音楽家など、たくさんあります。明治維新以来、今日まで数えきれません。あれほど女性関係を手広く持って有名だった伊藤博文さんでも、自分を立てすごしてくれた奥様は大切にされました。〉

ちょっと話が大きくなるが、こうなると「女パトロン」といったところだ。

川口松太郎が、一九七〇（昭和四五）年に著した『人情馬鹿物語』（講談社、一九八一年）は、著者の分身と思われる小説家志望の信吉（先生）を狂言回しにした連作短篇集だが、自伝的要素も秘められる。内の一篇、「七つの顔の銀次」は、実在したすりの大親分「仕立屋銀次」をヒントにした物語で、映画化もされた。横浜曲金《まがね》町のすりの親分の娘で二代目を継いだお新と、すりから仕立屋になった銀次の哀しい恋が描かれている。堅気になった銀次を忘れられないお新は銀次と夫婦になって三代目の親分にすえた。再び「闇の稼業」に戻った銀次は七年の刑を受けて塀の中にいる。

〈「帰って来たら立《た》て過《すご》してやれよ」

「当り前ですよ。私に惚れられて一生を棒に振ったんだもの、死水はきっと取りますよ」

と、淋しそうな目の裏にも、ほのかな望みを浮かべながら、「あと二年」と、つぶやいて、

「直ぐだねえ先生」

と、見上げる目元の涙の雫が、小娘のようにきらきら光った。〉

このように、「立て過ごし」はあくまでも女性の方に主体性がある言葉だ。

落語に「厩《うまや》火事」という噺がある。人間国宝の柳家小三治（十代目）は「滑稽と人情味がうまく描かれて、誰でも共感できる落語の中の落語」と、惚れ込んだ噺で、原話は江戸時代の文化年間までさかのぼる。

髪結いのお崎は年下の亭主、大工（遊び人とも）の八五郎と夫婦喧嘩が絶えない。亭主の八五郎はあまり働きもしないで、お崎の稼ぎで食っている。当時の髪結いといえば、今でいうキャリアウーマンだ。そこで「髪結いの亭主」なる言葉が生まれた。

お崎が「今日こそは愛想が尽きた」と仲人を頼んだ大工の「兄《あに》さん」のところに顔を出す。兄さんの奥さんの髪を結いにいっているうちに居候の八五郎に惚れたのだ。「あいつは酒が好

きだし、働かないから、止した方がいい」という兄さんの助言にもかかわらず、お崎がどうしても一緒になりたいと説き伏せた経緯があった。

兄さんは「だから言わんこっちゃない、早く別れた方がいい」と引導を渡そうとする。その言葉に反発したお崎は、「酒代は私が出しているのだし、あの人には優しいところもあるのよ」とのろけはじめる。

兄さんは、まず孔子の話を紹介する。留守中に主人が大切にしていた馬を火事で焼死させてしまい青くなった家来に、「その方たちに怪我がなければ良い」と言って馬のことは一言も言わなかったという内容だ。また、その逆で青磁の皿を大事にしていた麹町のさる殿様は、皿を抱えて足を滑らした奥方に向かって「皿は大丈夫か、皿は大丈夫か」とばかり言って、奥方の身を案じることはなかった。翌日、奥方の実家から使いの者が来て、「人より皿を大切にするような主人とは離縁したい」と申し出があり、後の人生を淋しく過ごした人もいる、と説いた。

兄さんはお崎に亭主が大切にしている茶碗を割ってしまえ、と知恵を授ける。そこで茶碗を心配するようなら、離縁したほうが良い、というわけだ。お崎は長屋に戻ると、八五郎の目の前でくだんの茶碗をわざと落として割った。

さげはさておいて、古今亭志ん生の「厩火事」を聞く。古今亭志ん生の落語の魅力は、話の流れが突然に飛躍するところにある、自由奔放に換骨奪胎、転調、脱線して行き先がわからない。その途方もない意外性が楽しい。兄さんが、「お崎のほうから惚れて一緒になったはず」

の箇所で、志ん生は次のように演じる。

「八公はなまけものだから、止《よ》しなよ、といったのに、お前は私が一生懸命稼いで、あの人を立て（縦）過ごしにするとか、横過ごしにするとか言って……」

立て過ごしの「立て」を「縦」に掛けた洒落だ。「坊主の遊び」の「お手軽さま」と「お手重さま」と同根だ。志ん生が華々しく活躍した時代に「立て過ごし」から「縦過ごし」と「横過ごし」との洒落が、どれだけの人に通じたのかはわからない。現代ではまず理解不能だろう。

外国語に堪能なシンちゃんは、「フランス語では、『ヒモ』を『マクロウ（maquereau 鯖）』といいますが、『ジゴロ（gigolo）』の方が近いかな。ヒモは一人という感じだけど、ジゴロは不特定多数を相手にする『遊び人』といったイメージが膨らみます」、とひとりごちていた。数日たってからシンちゃんが、塩野七生の映画エッセイ『人びとのかたち』（新潮文庫、一九九七年）を持ってきた。『アメリカン・ジゴロ』（アメリカ、一九八〇年）と『プリティ・ウーマン』（アメリカ、一九九〇年）を紹介している「ジゴロ」の章に、こんな話があるという。二作ともリチャード・ギアが主演だ。

塩野七生はイタリアへ来てすぐに、有名化粧品会社の女性オーナー社長と知り合った。社長は美男にして品格も備えたローマ大学の学生を囲っていた。彼が大学を卒業するとアメリカはハーバード大学のロー・スクールに留学させ、卒業すると自社のヨーロッパ部門のボスに抜擢した。社長の死後もくだんのボスは辣腕を揮い、自分を引き立ててくれた故人の人を見る目が確かなことを身をもって証明した。これぞ、イタリア版「立て過ごし」に他ならない。男女雇用機会均等法の時代、男を「立て過ごす」お崎のような女性は珍しくもなく、私の周りにもいるが、肝心の言葉は消えてしまった。

◎――志ん生といえば、「火焔太鼓」

古今亭志ん生と三遊亭円生が満州に渡ったのは敗戦直前の一九四五（昭和二〇）年の五月だった。そこで、森繁久弥と出会う。日本放送協会のアナウンサーだった森繁は、外地勤務を希望し満州電電で学芸部演劇主任を務めていた。

東京の寄席の客と違って、満州の客は、楽屋用語でいう「へんきん」ばかりだった。漢字で書けば「変金」で、変な客のことをいう。金は金太郎の略で、「金ちゃん」がお客を意味し「太郎」はお金。入場料を払って聞きに来る客が金太郎となる。質の悪い客は「せこきん」、地方からの客は「ドサきん」、たいしたことのない駄洒落でも大きく笑う客は「甘きん」と呼んだが、「へんきん」の類であることには違いない。

高座に上がれば、円生はどんな客でも律儀に務めるが、志ん生は酒が無いと動かない。四、五分で降りてしまう。酒の調達係りが森繁だった。軍務の巡業は七月に終わったが、帰る船が無かった。わずか三か月で敗戦。空襲を逃れて満州に渡ったのに、今度はソ連兵の襲撃を受ける羽目になった。恐怖から逃れる術は、ウォッカしかない。それでも志ん生たちを知る贔屓の人たちに助けられ、なんとか四七（昭和二二）年一月に長崎県の佐世保港に戻ってきた。帰るやいなやすぐに二月の上席から新宿の末広亭に上がっている。

「ただいま満州から帰ってまいりました」と挨拶すると、大きな拍手が起こった。体力はまだ元に復してはいないが、好きな落語を存分に喋れるのは、たまらなくうれしかった。七月には人形町の末広の大喜利で、酒を飲み過ぎて寝てしまったこともある。

清が「まだ満州の疲れが取れておりませんので、なにとぞご勘弁を」と言い訳をしながら、おぶって楽屋に戻ると、客席から「ゆっくり寝かしてやれ」と暖かい声が飛んだ。

帰国してからの志ん生は、「一回り大きくなった」といわれ、人気は日増しに上がっていった。

次男の強次は外交官を志望したが、高校を出ると親父や兄と同じ道を進むことになった。一九五七（昭和三二）年に古今亭朝太で前座となり、五九年に二つ目。六二年、古今亭志ん朝として真打に昇進した。異例のスピード出世だった。当然、周囲からの反発もあっただろう。高級な外車を乗り回し、豪邸を建てたのもそんな声を増幅させた。しかし勉強熱心と持って生まれた才能が、やっかみを封殺した。ＮＨＫの連続テレビドラマ「若い季節」にクレージーキャッツや淡路恵子、黒柳徹子、渥美清などとレギュラーで出演もした。毎回、誰かのアップでエンディングになるのだが、志ん朝の顔のアップで終わったとき、母親のりんは、「息子の強次がトリを取った、トリを取った」と大喜びした。

志ん生の趣味は酒以外に古道具屋を冷かして、訳の分からない骨董みたいな品を買うことと、将棋くらいのものだ。得意とする「火焔太鼓」の世界にほかならない。

女房に頭の上がらない古道具屋の主人《あるじ》が、ほこりだらけの太鼓を仕入れて来て、女房からぼろくそにいわれた。小僧の貞吉が掃除がてら、叩いた音をさるお殿様が耳にして、屋敷へ持参しろというお達し。

女房は「碌なものを仕入れてこないね。一分《ぶ》で仕入れたのなら、一分で売ってでも、さっさと帰っておいで。さもないと、命がないかもしれないよ」と脅かした。風呂敷に包んで参上すると、「これは火焔太鼓といって、世に二つという名器である」と殿様は喜んでお買い上げになった。頂いた金額がなんと三百両。

ご機嫌どころか、震えながら帰ってきた。すっかり味を占めて、これからも音の出るものを仕入れたい。例えば、半鐘など、どうだろうと主人が言うと、女房が「半鐘は良くないよ。おじゃんになる」がおちだ。「おじゃん」とは、火事が鎮まったときに打つ鐘の音だ。転じて物事が不首尾に終わり、失敗することを意味する。

火焔太鼓というのは、雅楽に用いる大きな太鼓で、対になっている。とても風呂敷に包めるような大きさではない。高さは三メートル近い。周囲に火焔の文様が彫られていて、かなり重い。そこで、異を唱えたのが長男の馬生だ。火焔太鼓なる太鼓はいかなる形状で重さはどのくらいか。懸命になって調べあげた。とても一人では持ち運べない。

リアリティを求める馬生は、大八車に積み込みお屋敷に運んでいく筋書にした。志ん生にしてみると、そんな馬生の生真面目な性格が気にくわない。

「だからおめえは駄目だっていうんだ。実物の大きさなんて、そんなこたぁどうでもいいんだ」

落語は教科書じゃないのだから「適当にやればいいんだ」とむくれる。

「火焔太鼓」のこまごまとした言葉は、ほとんどが志ん生の作といわれるが、「世に二つという名器」というのはおかしい。正しくは、「世に二つとない」といわなくてはならない。落語は速記本もあるが、だいたいが口伝だ。本来の火焔太鼓は対になっているものだから、もう一つ存在する理屈で「二つという」という語法もあながち否定はできない。しかし同じような表現が、やはり志ん生の代表作「井戸の茶碗」にも見られる。

主要人物は三人。いずれも頑固一徹で曲がったことは大嫌い。落語の世界に出てくる典型的な硬派正義漢だ。まず一人目は裏長屋に暮らしている浪人、千代田卜斎《ぼくさい》。昼間は近所の子供たちに素読の指南をし、夜は売卜《ばいぼく》、つまり易者をしている。美人の娘との二人くらし。裕福でないのは一目でわかる。

まわりの仲間から「正直清兵衛」と呼ばれる屑屋の清兵衛がたまたま路地をまわって商売を

していると、卜斎の娘から呼び入れられた。正直すぎる故か、「品を見極められない」と仲間からいわれ、普段は紙くずしか扱わないのだが、この日は卜斎から家に残った古い仏像を二百文《もん》で断りきれずに買わされた。清兵衛は「もし儲けが出たら、折半にしますから」といって、また仕事に出かけた。

背中の籠に入れた仏像に目を止めたのが、白金の細川屋敷表長屋二階に住む侍、高木作左衛門。二百文以上ならいくらでもよい、と清兵衛がいうので、三百文で買い上げた。清兵衛は儲かった百文の半分、五十文を卜斎の許に持っていく。

この仏像があまりに汚れていたものだから、作左衛門が湯に浸して磨いてみると、台座がはずれ仏像の中から五十両の小判が出て来たから大騒ぎ。作左衛門は仏像を買ったまでで、中の小判を買ったわけではないから、卜斎の許へ返しに行けと、清兵衛をようよう探し出して命じる。卜斎は卜斎で、武士がいったん手放した物を受け取るわけにはいかぬ、といって受け取らない。五十両が宙に浮いてしまった。

千代田卜斎の家主が中に入り、十両を清兵衛が取って残りの四十両を卜斎と作左衛門で折半することで、落着した。しかし、卜斎は、どうしても受け取れない、というので、清兵衛が何か一品を先方へお渡しすれば、良いではありませんか、と一計を案じた。本当に何もないので、普段自分が使っている湯飲み茶碗を受け取ってもらうことにした。

卜斎と作左衛門が、面と向き合うことはない。二人の意を受けた清兵衛が伝書鳩のように右往左往するところが、聞かせどころだ。会ってはいないが、お互いに相手の気骨に惚れ込んでいく。この依怙地というのか、金に執着しない頑固な二人の交友が評判となり、細川の殿様の耳に届いた。目通りを許すというので、作左衛門が殿様にくだんの茶碗を見せると、殿様の目の色が変わった。

鑑定役が呼ばれ、じっくり見ると「これは井戸の茶碗といって、世に二つという名器でございます」と判定した。名器に惚れこんだ殿様は作左衛門から三百両で買い上げた。そこで、またひと騒動おきる。お察しの通り、作左衛門は前例に倣って半分を卜斎に差し上げたい、と清兵衛を通じて申し出る。卜斎はこれまた、「いったん手放した物ゆえ受け取れない」と断る。ややあって清兵衛に、もし作左衛門が独り身なら自分の娘を嫁にどうだろうか、と持ちかける。「それは妙案、必ずもらっていただけます。もし駄目だったら私が……」と清兵衛は作左衛門のところに、とって帰り「美人のお嬢様です。磨くと、素晴らしいお嫁さんになります」と報告する。

高木作左衛門が「磨くのは止そう。また小判が出るかもしれない」で、めでたし、めでたしのさげとなる。悪人は一人も出てこない。三人が一堂に会することもない。幸せな結末なので後味も良く、誰でもが楽しめる。

二階から下の道を通るくず屋が背負った籠の中の仏像にまで果たして目が届くものかどうか、いささか疑問なしとしないが、瑕瑾にすぎず、名作であることに間違いない。

井戸の茶碗というのは、高麗茶碗の一種。大井戸、青井戸、古（小）井戸などの種類があるといわれる。李朝全盛期に青磁系の日用雑器として大量に作られたが、一部の品が茶人たちの好むところとなり、「高麗茶碗の王者」と呼ばれるほどに珍重された。

ここでも、志ん生や志ん朝は「世に二つという名器でございます」と話している。金原亭馬生の孫弟子、桃月庵白酒も、踏襲している。

「世に二つとなき名器でございます」というのは、志ん生の直系、古今亭円菊《ここんていえんきく》。「一国一城にも代えがたき名器」が柳家喬太郎《やなぎやきょうたろう》。師匠の柳家さん喬は「有名な青井戸の茶碗で、わが朝の土で焼かれたものではございません。一国にも代えがたき名器」と演る。「関ケ原の戦いの後、行方不明になっておりました青井戸の茶碗に相違はございません」と言い換えるのは、立川志の輔。いずれにしても、志ん生が言うところの「世に二つという名器にございます」の扱いと継承に苦労している。

江戸っ子のいなせな勢いから生まれた話芸だから、そんなに目くじらを立てる必要はない、という意見も当然あろう。

われらがシンちゃんは、

「テニスのラケットにボールが当たった時の瞬発力がなんたらかんたら、フォロースルーの方向がなんたらかんたら」

と趣味のテニスまでもすべて理詰めで考える。

「古き良き時代の話芸だから、なるべくそのままの姿を残したいけれども、言葉は時代で変化するものですし……」

といってのらりくらり、なかなか結論が出なかったが、根は科学者だからやはり最後は論理性を採るに違いない。


志ん生は、一九六一（昭和三六）年の十二月十五日、巨人軍の優勝祝賀会の余興にホテルに呼ばれた。主催者の都合で話す予定が遅れ飲食と重なった。会場は落語を聞く雰囲気にならず、口演中に脳出血の発作で倒れた。翌年の三月に退院し、十一月に新宿末広亭に復帰した。

復帰の高座を聞いていた安藤鶴夫は、『昔・東京の町の売り声』（旺文社文庫、一九七八年）にその時の模様を残している。復帰第一声だ。

〈長らく、起きられなくッて、なにしろ、二た月ばかり、まア、世の中のことを知らないというようなことンなって、そいで、あっちの方へ行きかけたんですけども、地獄の入《はい》り口で、ことわられて、……もうすこしお前《めえ》、しゃべったらどうだ、なンていわれたんでね。また、こっちへ帰ってきちゃったン……〉

ニュース映画のカメラが入り、満員の観客は固唾をのんで見守ったという。

◎――八代目桂文楽の本寸法

古今亭志ん生の『なめくじ艦隊』から遅れること一年、一九五七(昭和三二)年に八代目桂文楽の『芸談　あばらかべっそん』が青蛙房(現在はちくま文庫)から出版された。内容は数奇と言っていい生い立ちから、修業時代、興行界や寄席の内情、往時の噺家の人柄に生活ぶりなど貴重な資料としての価値がある。今でいう聞き書きで、作者は作家の正岡容《いるる》。文楽の親友で、小説の他に落語や浪曲の台本も多く書いている。自身で高座にも上がった。

書名の「あばらかべっそん」というのは、特別な意味があるわけではなく、酒が入ってご機嫌になると、必ず出てくる文楽の口癖だ。正岡容に言わせると、「文楽用語に『べけんや』とか『あばらかべっそん』とか、ときどきオランダ語みたいなワケの分らないコトバあり。けだし、御婦人にもてたりしてありがたくてありがたくて……というような感情の表現なり」と書中にある。

とにかくよくもてるのだ。そっぽ(容貌)も良かったし、人柄も好まれたのだろう。いい仲になった麻布の寄席近くのすし屋の娘と福井の興行先で二年ぶりに再会した。毎日のように訪ねてきてよろしくやっていたけど、興行は十日間が定法。

〈いよいよあしたは出発という日の前の日の昼にまたやって来て、こっちも今日を最後にまた

いつあえるか分らないんだから、その日はいつもの二倍も三倍ものあばらかべっそんだったと御想像下さい。〉

こんな具合に使われている。

大正の中ごろ、まだ文楽が馬之助を名乗っていたころの話だ。それなりに売れていた時代、四代目の志ん生に兄事し、またよくかわいがってもらっていた。当時の神奈川に住む女性（落語界の隠語で、タレという）と会うたびに、四代目の芸を褒め、自分によくしてくれることに感謝の念をいうものだから、「一度、そのお師匠《しょ》さんを招待したら」という彼女の勧めで、尾上町の料亭へ四代目に来てもらった。

〈何しろ若僧の私とは役者がちがいまさあネ、座敷の寸法はいい、話は面白い、バカにその女と話が合ったらしいのです。〉

ひょんなことから志ん生（四代目）と当の女性とは出来てしまうのだが、その時の悔しさから落語「おせつ徳三郎」で、惚れた大店の一人娘おせつの婿取りを知り、いっそのこと心中を決意し、刀屋の店先に立つ徳三郎の心もちがよくわかったという。

この座敷の「寸法」という言葉だ。辞書を引けば、「物の長さ」とある。ここでは、座敷の「雰囲気、状態、具合、気分、気合」といったところだろう。床の間の奥行きに長押《なげし》の長さ、座卓や畳の寸法を測ってみても致し方ない。

しばらく読み進めていくと、本寸法という言葉が出てくる。

富山の寄席で興行を打っている時、夜中の一時過ぎというのに、カンカラ太鼓の音が聞こえてきた。冴えた音色で、遠くに聞こえるかと思うと、またすぐ近くに聞こえる。女中に尋ねると、「お狸さまですよ」と怖そうに言って、消えてしまう。

〈そうして、さんざんに囃《はや》したあと、最後のアゲ（鳴物を打上げること）がまた本寸法で、一と撥《ばち》も狂わないいんです。〉

これは、長さというよりは、音楽の高低やリズムの領域だから、「本調子」と言った方がいい。まあ、「正調」とか「本格的」といった意味で用いている。

三代目桂三木助の落語の「味噌蔵」にも、本寸法が出てくる。「味噌蔵」は、ケチで有名な味噌屋の主人、吝嗇《しわい》屋の吝兵衛《けちべえ》さんの噺だ。

出産のため実家に戻っていた妻から、男の子が生まれたという知らせが届いた。とにかく子どもの顔を見にいかなくてはならない。今夜は「泊まっていけといわれるだろう」、と小僧の定吉を連れて出かける。となれば店に残った連中は「鬼のいない」留守中に仕出しの料理を取って、一杯やろうと謀議は衆議一決。なにしろ常日ごろはすさまじいばかりの質実倹約の食生活を強いられているものだから、ここぞとばかりの大騒ぎになる。番頭も筆頭になって、みんなの注文を聞いて回る。桂三木助の噺を聞く。

まず年長者の顔を立てて、甚助へ聞くと「お酒を頂くと、何にも食べられない」と遠慮気味だ。「お前さんが言わないと、他の者が言い出しにくいから」と、水を向ける。

〈「そうですか？　あんまり戴けないんですけれども……じゃ、お刺身を取っていただけますかねェ」

「お刺身かい？」

「ええ。それにちょいっと…こう、酢の物がありましてねェ。それで…こう塩焼があって、それで甘煮《うまに》がありましてね、照焼があって、口取があって、玉子焼があって、天麩羅があって、ほかに鰻の丼の二たッつもありゃァもうなんにも戴かな……」

「戴かないよ、おい。一人でそう幾品も戴いちゃいけませんよ、一品におしなさいよ、一品に。……お刺身？　お隣は？」

「エェ酢の物を願います」

「本寸法だな。お次は？」

「塩焼をどうぞ」

「定石どおりだねえ……エェその次は？」〉

（『古典落語　正蔵・三木助集』ちくま文庫、一九九〇年）

編者の飯島友治は一八九八（明治三一）年生まれで本業は薬屋だが、落語研究家として実に多くの速記本を筑摩書房と青蛙房から編集、刊行し、「落語博士」の異名がある。飯島の『落語聴上手』（筑摩書房、一九九一年）によれば「本寸法」と「定石通り」は同意語で、「正式、おきまりの通り」の意味だとしている。三木助は一九六一（昭和三六）年に亡くなっているから、最盛期は戦後の間もない昭和二十年代だろう。

「竃《へっつい》幽霊」にも出てくる。この幽霊は元職人で大層な博打好きという設定だ。「へっつい」といっても今の人にはわからない。「かまど」のことだといっても、通じない。さしずめ、調理台とかガスレンジとでもいわないと、理解できないのだろう。幽霊にはまったくそぐわない。

〈お芝居なんかで拝見をいたしましても、なるほど幽霊が足袋をはいてたなんてえのはございませんな。提灯からすうっと尾を曳《ひ》いたようになって幽霊が出て、そうして、手が七三《しッつァん》のところへいって（と、おなじように手首をたらして）うらめしイーというのが、こりゃアまア幽霊の本寸法《ほんすんぽう》とでも申しますかな。〉

（安藤鶴夫『わが落語鑑賞』筑摩書房、一九八八年）

幽霊と寸法のミスマッチが何ともおかしい。安藤鶴夫は本寸法について「うまい手順。ものごとの、正しいはこびかた」と同書で説明している。

桂文楽の「小言幸兵衛」にも、長屋の古着屋の一人娘、お花が持っている三味線の仕様について、本寸法の言葉を使っている。古今亭志ん朝の「時そば」にもある。

この本寸法なる言葉は、辞書になかなか載っていない。毎日新聞校閲部記者の百田知弘によると『広辞苑』に載ったのは第六版からだという。『日国』にもない。『広辞苑⑦』には、「本来の正しい基準にかなっていること。落語などの芸を、くずしていないこと」とある。「正しい基準」といってはいるが、建築物や家具、器皿《きべい》などの数量的な基準よりも、落語などの芸ごと、つまり文化的な所作や表現に重きを移している。

その理由について百田はネット上の「毎日ことば」（毎日新聞校閲センター編）で「落語評論が隆盛して広まったからではないか」と指摘している。

やはり落語の中で、「正統、本格、整然、真っ当」というような意味合いで用いるのが、それこそ本寸法だろう。流行りというほどではないが、本寸法は盛んに使われている。

柳家三三が、月刊タウン誌「銀座百点」二〇一八年五月号にこんなエッセイを書いていた。中学生の時代から銀座で開かれていた落語会を見に行っていた。中学生のころに柳家小三治の許に弟子入りを志願したが、「高校を卒業するまで待て」と言われたので、高校を出てからまた門をたたいた。小三治の数少ない「純粋培養」といわれる。

〈今やベテラン、業界の看板である入船亭扇遊師匠、金原亭馬生（当代。当時の名は馬治）師匠、そしてだれもが認める実力がありながら二〇〇一年に早世した古今亭右朝師匠のお三方が、真打になったばかりの新進気鋭で勉強会をなさっていました。揃って本寸法で様子のいい師匠方ですから、子供心にもなんとも充実感がありました。〉

本寸法な落語家を三三は敬愛したということである。

◎――登場人物の名前が……

私の考える「本寸法」とは、こんなことである。

司馬遼太郎が池波正太郎を追悼した文章を思い起こす。二人は直木賞を受賞する以前から旧知の仲だった。池波と同年生まれの司馬は池波に江戸っ子の典型をみた。

〈江戸っ子という精神的類型は、自分自身できまりをつくってそのなかで窮屈そうに生きている人柄のように思えている。〉

（『剣客商売読本』新潮文庫、二〇〇三年）

暮れの三十一日には誰それの家を訪ね、正月の二日には墓参りをするといった具合に、自分で決めごとを定め、それをかたくなに遂行していく。見えない手製の鳥籠のような中で生活している。

東京生まれだが、別に古い江戸っ子ではない私でさえも、「窮屈に生きる」気分はわかる。「元日は出かけるものではない」とか、「子どもは暮れの押し迫ったときに床屋へは行くものではない」と親から教えられた。お客だから、いつ行ってもよさそうなものだが、相手（店）の都合を考えろ、ということだ。「気配り」といってもいい。食堂に行き、次のお客が待っているのに、食事が済んでも席を立たないのは、「気が利かない」ということになる。

食生活にしても、行事食を大切にする。拙宅でも一月七日の七草粥はもちろん、十五日には小豆粥を食べる。この小正月の小豆粥を作る家庭は、全国的に見てもかなり少なくなっている。成人の日が暦の関係で移動したのも影響している。行事食に限らず、刺身の薬味とか湯豆腐の薬味なども定法を守る。適当なところで妥協するのが許せないのだ。だから、無国籍料理とかフュージョン（融合料理）などを嫌う。自分自身で埒を定めて、その中で窮屈に生きる。それを司馬遼太郎は指摘している。いわれてみれば、関西のほうが融通無碍で、新しいものは何でも取り入れる土壌があるように見える。

落語の「本寸法」も同じようなもので、その埒に決まりはなく、家元みたいに代々続く師匠の「気分」によるところが多い。話芸だから、距離や時間などで、規範が数値化されるはずがない。そこに「寸法」といういかにも数値化されるかのような言葉が持ち出されてきたゆえんがある。あくまでも自分自身が考える「甲羅に似せた蟹の穴」であり「身の丈」みたいなものだ。落語家が好んで使う言葉は他にもある。例えば「了見（料簡、量見）」だ。五代目の柳家小さん（人間国宝）は、「狸が出てくる噺は、狸の了見になってやらなくちゃいけねぇ」といったそうだ。「狸の了見」といわれても、難しい。この場合の了見は言い換えると、考え方、今を流行りの言葉で言えば、あまり使いたくはないが「こだわり」みたいなもので、一種の「美学」であり、「心得」、「器量」、「面目」ともいえる。

「僕の診察はいつでも本寸法です」

シンちゃんが例によって指をくねらせながら、胸を張った。診察だけでなく、生き方そのものが本寸法かもしれないが、寸法が決まり過ぎて自分が損をしているところがある。あまり寸法を重視し過ぎると、ハンドルの「遊び」が無くなり、窮屈になる。シンちゃんは落語の「居残り佐平次」に謀られた妓楼の主人みたいに人が善いところがある。

「人の運や金なんてものは巡り巡って、またいつか自分のところに戻って来るものです」

常に恬淡、冷静だ。他人から金を騙し取られることはあっても、他人から取ったり、自分で金を増やすことはできない。泰然自若というか、鷹揚でおっとりしている。


文楽の落語は、決して乱れない楷書の落語だ。演じる時間も、きっちり決まっていた。悪くいえば、四角四面、破天荒なところが無い。定型美、様式美を最後まで追い求めた。文楽の生き方を如実に示す有名な逸話がいつまでも語り継がれている。

一九七一（昭和四六）年八月三十一日、文楽は国立小劇場で行われた落語研究会で、「大仏餅」をかけた。前日の東横落語会でもやったばかりだった。

かつてはお上の御用を勤めていた神谷幸右衛門は、子供を連れた盲目の乞食に零落している。品物を納めたこともある河内屋金兵衛が救いの手を差し伸べる噺だ。内容が一か所でぐるぐる回り出したかと思うと、どうしても神谷幸右衛門の名前が出てこない。ど忘れしたらしい。

「申し訳ございません。もう一度、勉強をし直してまいります」

というと、高座を下りてしまった。以来、二度と高座には上がろうとしなかった。絶句した時の口上まで、予め用意していたとも言われた。別に有名な人物でもないので、並河何某、美濃部何某、郡山何某、誰でも良かったのではないか。志ん生なら、適当に繕ってさげまで持っていったはずだ。林家正蔵（八代目。後の彦六）も、「人の名前を忘れることはよくあるんです。あたしなら神谷ウタタでも、なんでもやっちゃうね」といっていたそうだ。文楽は「寸法が違うこと」がひたすら許せなかったのだ。

落語は口伝といわれるが、噺によっては人名や場所が細かく規定されている。大岡越前守とか堀部安兵衛などといった歴史上の人物はさておいても、大店や質屋など実在した店があり、社寺仏閣なども演者によって異なる場合もあるがかなり史料に忠実だ。つい、人物を取り違えることもあれば、忘れることもある。

落語家にとって「絶句は心底から恐れるもの」と春風亭一之輔が「週刊朝日」二〇一九年二月二二日号の連載コラム「ああ、それ私よく知ってます。」に書いている。

〈寄席でも前座さんがたまに絶句しています。

袖から見て「こりゃダメだ……」と思ったら、汗だくの前座に「いいからもう下がれ！」と声をかけます。堂々と名人のフレーズをパクろうとして「べ、勉強、す、なおすてまいりや、す！」とそれすら噛みまくるヤツもいます。〉

志ん生は、噺が途中で入れ替わったり、いい間違えることも多かった。しかし、機転を利かす才があった。文楽にとって寸法が命だったが、志ん生は寸法という言葉にはとらわれなかった。しかし二人とも本寸法であることに違いはない。志ん生は晩年半身不随となりながらも、高座に上がることに執念の炎を燃やし続けた。

文楽は、丁寧にお辞儀をすると、張り詰めた明るい声で、

「いっぱいのお運びでございまして、ありがたく御礼申し上げます。間へ挟まりまして、相変わらず、おなじみのお笑いを申しあげることにいたします」

と挨拶も決まっていた。文楽の晩年の持ち演目《ねた》は極端に少なかった。三十席程度に絞ったのだ。出演する時は、朝からその日の演《だ》し物を稽古して、高座に上がった。一字一句違うことなく、研ぎに研いで完成された噺しか演じなかった。

一方の志ん生は、ろくにお辞儀もしない。小噺まで数えれば、三百ほどの演目があったといわれる志ん生とは、ここでも好対照だった。同じ演目でも、志ん生のまくらはいつも違う。吉原の話をまくらに振っても、廓話とは限らない。気が乗れば、十五分の噺でも三十分になることもあった。逆に気が乗らない時は、五、六分で降りてしまう。自ら乗りに乗って熱演する舞台と投げてしまう時の落差が激しいのだ。いい舞台を見た後、親しい贔屓筋が「今日みたいな、いいもの楽しませてくれよ」と声を掛けたら、「冗談いっちゃあいけねえ。命ァもたねえ」と言ったそうだ。

結城昌治は『志ん生一代』内で次のように二人を比較、分析している。

〈そういう点は料亭に呼ばれても同様で、相手がいやだと思っても文楽なら一所けんめい座持ちにつとめるが、志ん生は口もきかないで帰ってしまった。芸のために機嫌をとることが嫌いというより出来ないのだ。（略）長かった不遇時代の心理が屈折しているのかもしれないが、といって横柄に見えないのは人徳だった。もちろん横柄なつもりはなく、客席は爆笑哄笑の連続で沸き返っていた。石橋を叩いて渡るのが文楽とすれば、志ん生のほうは竹橋で、いつ落ちるか分からないようなところにも客を沸かせる魅力があった。

そんな志ん生に較べると、文楽は芸とともに自分自身まで型にはめてしまっていた。ひとことで言うなら名人文楽で、そう呼ばれたことによって自分を縛ってしまった。小心と芸熱心なところは二人に共通しているが、志ん生のほうは長年の下積みで鍛えられた図太さで、いったん高座へ上がったらその度胸は怖いもの知らずだった。〉

文楽は、楽曲を暗譜し、定められた通りに一音符も違えることなく演奏した。志ん生にも楽譜はあったが、とらわれずに客を見て即興《アドリブ》を闊達に交えたということだろう。気に入ったパートなら、長時間ソロで演奏した。乱暴な言い方だが、文楽を純文学路線の「芥川賞作家」とするならば、志ん生は大衆文学系統の「直木賞作家」だったともいえるのではないか。文楽を藤沢周平とするなら、志ん生は池波正太郎に近いかもしれない。漫画でいうなら文楽は長谷川町子で志ん生は加藤芳郎、似顔絵なら文楽は和田誠、志ん生は山藤章二ということになろうか。

文楽が国立小劇場の高座から降りた年の十二月九日、極貧の時代を伴走してきた志ん生の妻りんが七十四歳で亡くなった。葬式を出した翌日の十二日に文楽の死をラジオで知った。国立小劇場の高座で、絶句してから三か月ちょっとだった。享年七十九。

年齢は志ん生の方が二つ上だったが、先に売れっ子になったのは文楽で、志ん生はまだ羽織も持っていなかった。二人が親しくなったのは、志ん生が満州から帰ってきた後のことだ。入院する前に見舞いに行き、酒を酌み交わした。妻が亡くなった時は、涙を見られないように布団にもぐりこんだ志ん生だが、文楽の死を聞くと、滂沱の涙を見せた。

「酒をくれ」という父親に、普段はあまり飲ませない娘の美津子も、黙ってコップに酒を注いだ。

二年後の一九七三年九月二十一日、志ん生は眠るように逝った。享年八十三。

何事につけて、本寸法を標榜するシンちゃんだが、テニスのチャンスボールになると、つい力が入ってしまうところが、よくわからない。なんの脈絡もなく、人のいうことを素直に聞くのだが、話は右の耳から左の耳に抜けてしまう面もある。どうも聞いたふりをしていて、持説は頑として曲げないのが困る。これを「本寸法」というのか、「頑迷」というのかは、誰にもわからない。

第二話

遠くて近きは男女の仲
近くて遠きは夜の火事

死語とまでは言い切れないが、今ではあまり使われなくなった言葉に、「恋わずらい」がある。

わずらうの漢字は、煩と患の二通りがある。煩は「思い悩む」に重心があり、患は「病い」の意味が強い。好いた、好かれたの世界だから、男性にも女性にも当てはまるはずだが、落語となると、男が女性に恋い焦がれる状況が多い。「女の恋わずらいというのは、実に色気のあるもので……」などと、まくらに振っておいて、「色気のない男の恋わずらい」の噺に入っていく。噺に出てくる「男の恋わずらい」の症状はだいたいどれも同じで、食欲がなくなり寝込んでしまう。ぼんやりして何も食べないから、だんだんやせ細りため息ばかりついている。周囲にいる家族や友人たちは、病気と思い込んで医者を呼ぶ。

病気は四百四病《しひやくしびよう》といわれる。四〇四の由来には諸説あるが人間の身体は、地、水、火、風の四つの元素から成っていて、不調をきたすと病気になる。各元素には一〇一の病があり、合わせると四〇四になる。十世紀ごろから文献に見える。

病気なら治ることもあろうが、「恋の病」はこの四百四病には含まれない。「恋の病に薬なし」といわれるように、薬の処方もできない。

恋わずらいをテーマにした噺は「崇徳院《すとくいん》」を初めとして、「雪とん」「肝つぶし」「紺屋《こうや》高尾」「幾代餅」などが挙げられる。

医者は診てもわからないが、せいぜい「気の病」くらいまでは見当がつく。医者も周囲も病気として、なんとか救おうと手立てを考えるところから、落語が生まれる。

当の病人には原因がわかっているのだが、家族には言えない。恥ずかしい上に笑われると思っているからだ。肉親以外の幼なじみには話せるというので、親しい友人とか出入りの職人らが枕元に呼ばれる。

「それではいうけど、笑わないかい?」

「笑うもんかえ」

というやり取りのあと、聞かされた方はやはり笑いだすのがお約束だ。

恋わずらいの代表的な噺が「崇徳院」。古今亭志ん朝は、こう始める。

〈人間というものは体が元手でございまして、ぇェ、患うということがいちばん、つまりませんですな。ァア、金をかけて、治ってもともとというやつですから…。ま、あのォ、病の数ってのァ、四百四病とされておりましてね、昔っから。今はもっとあるんでしょうけども、…四百四病。ねえ。そン中でそのォ、色気のある病というのがあります。〉

（『志ん朝の落語1』ちくま文庫、二〇〇三年）

さる大家の若旦那が上野の清水観音（大阪では生玉《いくたま》明神、高津神社、京都の清水堂）の茶店で若い娘さんと出会い、お互いに一目ぼれ。娘さんは「瀬をはやみ岩にせかかる瀧川の」と、崇徳院の百人一首にある上の句だけを、料紙に記して去って行った。

下の句は「われても末に逢はむとぞ思ふ」で「急な川の流れが、岩などにぶつかって二つに分かれても、その先にはまた一つの流れに戻るように、いつかまたお会いしたいものです」と「恋心」を詠んだ句だから、さあ大変。若旦那は、娘さんに会いたい一心で床に臥してしまう。小さい頃から家族同様に暮らしていた出入りの職人、熊五郎にその事情を打ち明けた。倅の病が治るのなら、何が何でもその娘さんを探し出せと大旦那は熊さんに厳命。今までの借金は棒引きにして、お礼に三軒長屋を一棟与える、と人参を鼻先にぶら下げる。しかしながら、娘さんはどこの誰だか皆目見当がつかない。

熊さんは女房にも尻を叩かれ、欲と二人連れで床屋や湯屋を探し回る。一方、当の娘さんも、悶々として寝たきり状態。両家が懸命になって床屋や湯屋を拠点にして相手を探し回っている。とうとう双方の「追手」が床屋で出合う。お互いにこちらに来い、と取っ組み合いの騒ぎを起こして、床屋の鏡を壊してしまう。怒り心頭の床屋の前で、熊さんは慌てることなく「割れても末に買わんとぞ思う」で、さげとなる。

◎――「紺屋高尾」と「幾代餅」にみる「夢の恋」の成就

「紺屋高尾」と「幾代餅」は、同工異曲の噺だ。いずれも店の奉公人が吉原の花魁《おいらん》の中で最も位の高い太夫に惚れてしまう。

神田紺屋町、藍染め職人の久蔵は、まじめ一方、仕事一筋といった堅物。初めて吉原の花魁道中を友達と見に行ったら、一目で三浦屋の高尾太夫に惚れ込んでしまった。「逢えなければ死ぬ」といってどっと床についた。主人の吉兵衛は「三年間まじめに働いて金を貯めれば、その金で逢うこともできる」となだめるのが、「紺屋高尾」。

一方の「幾代餅」は小網町（馬喰町とも）の搗米屋《つきごめや》（精米所）三右衛門（六右衛門とも）の職人、清蔵が人形町の絵草紙屋で姿海老屋の幾代太夫の錦絵を見て、一目惚れ。こちらも寝込んでしまう。主の三右衛門は、「一年のあいだ懸命に働けば、逢わせてやる」と、おだて半分で、何とか懐柔しようとするのだが、本人はすっかり信じ込んでしまった。

両人とも、逢いたさ一心で脇目も振らず、懸命になって働いた。久蔵は三年、清蔵は一年経っても、忘れなかったところが素晴らしい。両人が稼いだ金に主人がいくばくかの金を足して、送り出すことになった。

紺屋の吉兵衛は、案内を医者の武内蘭石に委ねる。蘭石は久蔵が職人では通りが悪いから、流山のお大尽の息子ということにして、余計なことはしゃべるんでないぞ、と釘を差す。搗米屋の三右衛門は医術よりも吉原が大好きという藪井竹庵にお任せする。こちらは野田の醤油問屋の息子という触れ込み。

顔を拝めただけでも僥倖、といわれるほど人気絶頂の売れっ子だが、たまたま空いていたのか座敷に来てくれた。初回は逢うだけ、というのが定法で、「今度、主《ぬし》はいつ来てくんなますか」と聞かれた。久蔵は次に来るまでには、また三年の歳月を待たなくてはならない。「三年後には」と答えると、「三年とは長すぎやあござんせんか。お大尽の息子なのに？」と不審な顔つき。そこで「お大尽の息子なんてのは真っ赤な嘘。本当は紺屋の職人」と、つい本当のことを明かしてしまう。

その話に感激した太夫は「わちきは来年の三月に年季《ねん》が明けます。こんなわちきで良かったら、女房にしてくんなますか」という。有頂天になった久蔵は、三月を目指し、また懸命に働いていると、とうとう紺屋の店先に高尾がやって来た。

久蔵は高尾と夫婦になると、夫婦養子となって、家業の紺屋を継いで（暖簾分けとする演者も）、繁昌する。一生懸命に働く高尾の顔を一目見たさに、次から次へと家にある染め物を持っていくが、とうとう染める布が無くなって、黒い猫を持っていく者までいた。

搗米屋の清蔵も、また一年経たなければ来られない、と正直に明かすと、幾代太夫はその一途な思いに感激し、三月には年季が明けるから、それまで待っていてくれという願ってもない言葉。清蔵は「来年三月、来年三月」と唱え続けるので、「三月さん」とあだ名がついた。駕籠に乗った幾代が店先に現れ、藪井竹庵を媒酌人に立てて夫婦となった。搗米屋だけに餅屋が良いだろうと両国に餅屋を開業し、源氏名に因んで「幾代餅」と名づけた。餅を包んで「有難うござりんす。また来てくんなまし」という幾代の顔を見たさに大繁盛。顔にばかり目をやり、金を払って餅を忘れて帰る慌て者もいた。

まじめな職人、久蔵と清蔵のサクセスストーリーだが、この二つの噺はどっちが先だか後だかわからない。

紺屋というのは、染め物屋のことだが、「こんや」とも「こうや」ともいう。三遊亭円生の高座によれば、江戸では「こうや」が普通だった。今でも東京に「神田紺屋町《こんやちょう》」があるように、昔はひとところに集まっていたので紺屋町の地名が全国に残っている。大阪では「こんや」、九州では「こうや」と読むところが多い。

藍についての詳しい説明は割愛するとして、染料を使うのだから、どうしても作業着に色が着いてしまう。にもかかわらず昔は、わざわざ白い袴姿で働く職人がいた。自分の衣服に汚れが付着しないのを、誇りにしたからといわれる。

「紺屋の白袴」という諺は、商売だから当たり前なのだが、身につけた技量がお客のためばかりに用いられ、自身には使われないことを指す。またあまりにも身近な技術なので、いつでもできると後回しにし、そのまま放置しておくから、結局手がつかないことの喩えにも用いられる。「医者の不養生」と同じだ。似た言葉に「易者　身の上知らず」とか「髪結いの乱れ髪」もある。

「紺屋高尾」の高尾は、職人の久蔵と夫婦になり、家業の藍染に精を出した。お客や野次馬が頬被りをして働く高尾の姿を一目見ようと押しかけた。顔がなかなか見えないものだから、土間に並んでいる瓶《かめ》の中に映った顔を見ようと、みな瓶の水面をのぞく。なかには、高尾の大事な隠しどころが映るのではないかと、血眼になって瓶の中をのぞいた輩もいたそうだ。

文明の利器を悪用して、スマホを差しこみかねない現代の痴れ者には、藍瓶に映る姿をのぞこうという古典的手法はなかなか理解できないだろう。天平時代まで遡れば、奈良県橿原市の久米寺の開祖と伝えられる久米の仙人は、久米川（現・大和川水系曽我川）で洗濯をしている女性の白い脹脛《ふくらはぎ》に目を奪われて空から落下したそうだから、藍瓶に比べればスケールが大きい。

「藍といえば、かなり濃い色でしょう。映るわけなんてありませんよ」

神経科医のシンちゃんは、例によって科学的見地から身も蓋もないことをいう。インク会社の色見本帳を見て、明度、彩度を瞬時に思い浮かべたのかもしれない。

「今回は病気の話で、私の専門領域だから、おちのある噺にはつきあっていられません」

シンちゃんは、診察室に鍵をかけ、引きこもってしまった。


この「かめのぞき（瓶覗き）」は、色の名前になっている。書架から『奇妙な色名事典』（福田邦夫著、青娥書房、一九九三年）を取出してみると、「かめのぞき色」が載っていた。

〈覗き見趣味の色ではない。これでも歴とした伝統色名。瓶は藍瓶のことで、糸や布を藍瓶の中にちょっと潜らせて染めた色を、ユーモラスに表現したものらしい。藍染めのもっとも薄い色合いのことになる。〉

「かめのぞき色」を強いて言えば、水色のごく薄い色を指す。藍染めは、藍に浸ける作業を何回も繰り返し、色を濃くしていく。だから一回くらい瓶に入れただけでは、うっすらと青系の水が滲むだけで、紺にはかなり遠い。

ひと口に紺といっても、濃紺、紫紺、鉄婚、茄子紺、留紺《とめこん》と変化に富んでいる。紫紺は紺に紫の色みが入り、鉄紺は暗い紫に緑の色みが加わる。紫紺は明治大学、鉄紺は東洋大学、それぞれのスクールカラーとして、正月の箱根駅伝でおなじみだ。

留紺は何回も何回も瓶にいれて、これ以上は染まらないという最後の色だから、留紺となった。のぞきの手ぬぐいは歌舞伎などで、棒手《ぼて》ふりが襟に巻いたりすると、どこか「いなせ」な格好になる。

◎――「かめのぞき」の手ぬぐいで吉原へ冷やかしに行く

古今亭志ん生の「二階ぞめき」に「かめのぞき」が出てくる。毎晩のように吉原へ出かける大店の若旦那は、遊ぶというよりは、「冷やかし」が趣味。自宅の二階にこしらえた吉原の店を冷やかすのに、箪笥からわざわざかめのぞきの手ぬぐいを出してきて頬被りをする。「夜露に濡れないため」というところがおかしい。

荒川の氾濫を防ぐために造られた山谷《さんや》堀は、三ノ輪に発して今戸で大川につながる。今戸は松乳山聖天《まつちやましょうでん》の少し上《かみ》になる。その昔は舟の往来もあり、大川から猪牙舟《ちょきぶね》で吉原遊郭の入り口ともいうべき大門まで乗りつけるのが粋とされた。昭和の初期に埋め立てられ、現在は台東区の手で「山谷堀公園」となっている。日本堤から今戸橋まで七百メートルほどの遊歩道だが、九つほどの橋の名前が残っている。猪牙舟が往来し、布や紙を晒《さら》したという往時の川幅は、現在の姿からはなかなか想像しにくい。

日本堤橋から下の四つ目に紙洗橋がある。当時、この付近で浅草紙と呼ばれる紙を作っていた。今でいうリサイクル工場で、紙屑や古紙を煮たててドロドロにする。それを流水にさらして乾燥し、再生した下等品の紙だった。色も白ではなく、ねずみ色で厚さも均一ではなく、髪の毛などの異物が混入することもあった。紙漉きの職人が多く住んでいたので、近くには紙漉町の町名が明治期まで残っていた。

しばらく古今亭志ん生の「二階ぞめき」を聴きながら話を進めたい。さる大店の若旦那は毎日のように吉原に通って、夜遅く帰ってくる。呆れた旦那が「このままでは世間に示しがつかないので、勘当する」と言いだした。ところがこの若旦那は「俺は、女と遊んでるわけではない。吉原の街の雰囲気が好きだから、毎日冷やかしに出かけるんだ」と開き直る。「吉原をこっちに持ってきてくれたら、夜遊びはしねぇよ」と無理難題をふっかける。「冷やかし道」に精励する若旦那に手を焼いた大旦那と番頭は、ならばと一計を案じ、腕のいい出入りの大工に頼んで二階に吉原の街を造り上げた。

志ん生はいかに自分が若いころ吉原に通い詰めて「研究」に勤しんだかを、半ば自虐的に喋った後、「冷やかし」の説明に入る。例によって志ん生には東京の訛があるから「しやかし」と聞こえる。

「吉原から目と鼻の先の紙漉き職人たちが、どろどろにした紙を山谷堀の水で冷やす間、時間があるものだから、ちょいと吉原へ行って、張り店の女と無駄話をする。そこから『冷やかし』というようになったんですな」

志ん生は、「どうでぇ?」という調子で、低い鼻を高くして話すが、お客の方は半信半疑で、どこか「嘘くさいところがある」といった気分の冷ややかな笑い声がもれる。

『日国』で「冷やかす」を引くと、②に「遊郭で、登楼しないで張り見世の遊女を見て回る」とある。語源についても「浅草山谷の紙漉業者が、紙料を水に冷やかしている間、新吉原を見物して回ることをいったことから」と『嬉遊笑覧』から引いている。志ん生のいうとおりだ。職人にしてみれば、つかの間の休憩時間だが登楼するお銭《あし》も無い。とても上がるゆとりなぞ端《はな》からないのだ。

要は当時の吉原が、観光スポットとして有名な見物先だったことを物語っている。遊女三千人、昼間のような明るさ、と話題になった吉原の町に入り、張り店に並んだ女性の容姿を眺めるためにわざわざ出かけるのだ。「一度くらいは吉原の町へ行かなきゃ、話にならねえ」といいながら、浅草寺から田んぼの中を歩く観光客が列をなしたという。

志ん生はまくらで「『惚れて通えば千里も一里　長い田んぼもひとまたぎ』なんて、あまり学校では教えませんけど」などとくすぐりを入れる。本来の後段は、田んぼではなく、「逢えで帰ればまた千里」となるところだ。

目的は女性と遊ぶためではなく、格子の中で客を待っている花魁から煙草を一服点けてもらって、二言三言《ふたことみこと》交わし、「また、来るよ」と上がらずに次の店へ回るのが楽しみなのだ。金は一銭も掛からない。

店にしてはなんとも嫌味な客だが、毎日のように顔を出しているうちに、すっかり顔なじみになることもある。あの人はしばらく来ないけど、身体の具合でも悪いんじゃないかしら、などと心配されるようになれば、一人前の立派な「冷やかし師」だ。しょっちゅう顔を合わせていれば、女性の方に情が湧く場合もあった。登楼のお金は私が出すから、とお客に懇願することになる。

「今日は私が立て引くからさ、上がってってておくんでないかい」

『日国』の「立引・達引」には、「義理や意気地を立て通すこと。また、そのためにとる言動。特に、遊女が客のために出費などすること」と、二つの意味が説明されている。

なるほど。本来は男性が払う料金を女性のほうが立て替えるのだから、算盤による金銭勘定はそっちのけで、自分の心意気や義理を大事にしたい、ということになる。第一話で述べた「厩火事」のお崎がいうところの「立て過ごし」に通底しているではないか。「立て引く」は短い動作だが「立て過ごし」となると長い時間の経過がある。

ちょっと話が、余所に回ってしまった。「二階ぞめき」の志ん生のまくらに戻りたい。「今夜はよ、立て引きされそうになってよ……」などと、楽しそうに冷やかしの様子をしゃべりながら歩いて帰る人間の話を毎日のように聞かされた吉原田んぼの蛙も「どうだい、俺たちも冷やかしに行ってみようじゃないか」とまとまって、殿様、赤に青、引き、イボなどが連れだって出かけることになった。

「ちゃんと立って歩かないと、つぶされちゃうよ。こうやって歩くんだ」

「この店には花魁が七人張ってるね。お前はどれがいい」

「俺は上から四枚目がいいね」

「俺は下から四枚目だ」

「じゃあ、同じじゃねえか」

「あの仕掛け（打ちかけ）の八橋《やつはし》が気に入ったんだ。俺たちは八橋が好きなんだ」

八橋とは湿地に掛けられた幅の狭い橋板で、斜め斜めに継ぎ足してある。愛知県知立市の八橋はカキツバタで知られ、着物や帯の模様になっている。吉原田んぼに住む蛙のふるさとだったのだろう。

それでは、名前くらい聞いてみようとなって、若い衆《し》に尋ねる。

「あの八橋の花魁はなんていうの」

「この店に八橋の花魁はいませんよ」

「?」

「お客さんたちが見ている店はお向こうさんですよ」

「?」
蛙の一行は立って品定めをしていたので、目が後ろに回り向かいの店を見ていたのだ
この小噺は別に志ん生が作ったわけではなく、昔からあったものだ。

「二階ぞめき」の本題に入る。自宅の二階に設えた吉原の街は、大工が細かいところにも念を入れ、見事に仕上がった。「火事と喧嘩は江戸の華」というくらいで、喧嘩は日常茶飯の出来事のようだが、吉原の冷やかしは、どうも「鉄火肌」のお兄《あに》いさんが多かったとみられる。大旦那が「最近はどうも口のきき方が乱暴になった」と嘆くところからも、察しがつく。

「思う存分冷やかしていいですよ。疲れたらそのまま往来でお休みになってください。どうせ下は畳ですから」という番頭の勧めで、若旦那もその気になって、二階に上がってみると、なるほどぼんぼりに燈がともり、吉原そっくりに出来上がっている。

一人で、遊女になったり、若い衆《し》の役を演じたり、なかなか忙しい。そのうち女性との口喧嘩から通りすがりの若者とくんずほぐれつの騒ぎとなり「さあ、殺せ」などと喚いて、一人三役の大立ち回りが始まる。

下の大旦那が「たまに早く帰ってくれれば、騒々しい」と丁稚の貞《さだ》を二階へ見にやらせると、「おお、貞吉か。悪いところで会ったな。家に帰っても、ここで会ったことは親父に黙っててくんねえ」。

吉原の「冷やかし」は素見《すけん》ともいう。素見物《すけんぶつ》の略で、素は「それだけで、何も伴わない」意味だ。素うどん、素手、素もぐり、すっぴん（素嬪）の用法と同じだ。『広辞苑⑦』に「素見《すけん》騒《ぞめ》き」という言葉が載っている。「遊里をひやかして歩くだけで登楼しないこと。また、その人。ひやかし」とある。よくテレビのクイズ番組などで「漢字検定」と称して、「素見」を「ひやかし」と読ませる問題が出る。『大辞林』には、「（素見）し」「（素見）す」と載っているが、『日国』『広辞苑⑦』には見当たらない。

「素見」と書いて「ぞめき」と読むこともあったようだ。演題の「二階ぞめき」の「ぞめき」は「うかれさわぐこと」を指す。「ぞめき歌」は道を歩きながら浮かれてうたう歌だし、「ぞめき酒」となれば浮かれ騒ぎながら飲み歩く酒だ。「ぞめく」は「そそめく」から来たといわれる。「落ち着かず、せわしげに騒ぎ立てる」とあるが、一方で「内緒でひそひそと話す」といった意味もある。

また「そそり」には「ぞめき」と同じ「遊里を冷やかし歩くこと」の他に「歌舞伎で最終の興行日などに、俳優が配役をかえるなど、めいめい滑稽をまじえて演ずること」とある。池波正太郎は、この「そそり」について記したエッセイを残している。

〈「そそり」は、千秋楽に役者が、洒落っ気を出して、思い思いに、思いがけぬいたずらや演技をする。それをまた客も、芝居の関係者もうれしがるのである。〉

（『食卓のつぶやき』朝日文庫、『剣客商売読本』新潮文庫）

『剣客商売』を池波自からが脚本、演出を担当し帝劇で上演したことがある。秋山小兵衛役は中村又五郎、息子大治郎の嫁になる女武芸者の三冬役は香川桂子。三冬は「私を打ち負かすほどの相手ならば嫁いでもいいが、今は剣の道に精進しております」と、そばにあった饅頭を豪快に二個も平らげ、小兵衛を呆れさせる。千秋楽、小兵衛は団扇《うちわ》ほどの大きな煎餅を用意して饅頭の代わりに差し出した。一瞬吹き出しそうになった三冬だが、拳で煎餅を叩き割り口に運んだ。観客がどこまで理解したかは疑問だが、他の役者や裏方は大喜びだった。

要はすべてが粋と洒落の世界の戯れとおどけで、お互いが納得した上で遊んでいるのだ。荒唐無稽といってしまえば、それまでだが、大店の二階に吉原の街を作るという発想がナンセンスから生まれたユーモアの極みだ。室内なのに、夜露に濡れるからといって頬被りし、自らの襟元を自分で締め上げて、喧嘩のふりをする若旦那に感情移入し、一緒に喧嘩をしている気分にならないと、落語の世界に遊ぶのは難しい。

「そうでしょうね。やっぱり私には落語に出てくる人たちと、そこまでの連帯意識を共有するのは無理です」

シンちゃんは、すっかり元気をなくして黙り込んだ。だいぶお疲れのご様子だ。

◎――立て引きが強い

冷やかしに来る男の登楼代を女が出す「立て引き」の大元に「義理や意気地を立て通す」意味があるのは、ご理解いただけただろうか。自分の考えを強く前面に押し出して、他人と張り合うことだ。強情という面もあるし、直情径行ともいえる。人情を大切にし、頼まれれば、決して嫌とは言わない一本気で鉄火肌な男のイメージが湧いてくる。

『江戸語大辞典』（講談社）には「立て引き強《づよ》い」の項目があり「意気地を張り合う気持が強い。侠気がある」と書かれている。この意味で使われている落語がある。

古今亭志ん朝の「酢豆腐」を聞いてみたい。『志ん朝の落語6』（ちくま文庫）を参考にする。古典的な傑作といわれる「酢豆腐」は、決して単純な前座噺ではない。登場人物も多く奥行きのある噺だ。関西では「ちりとてちん」となる。「酢豆腐」は例によって長屋の連中が集まって一杯飲む相談から幕が開く。主役はおだてられて、腐った豆腐を食べる気障な若旦那だが、前段階に出てくる町内の女に持てる半公もかなり味のある役回りだ。

半公という人物は主役とはならない脇役止まりだが、憎めないキャラクターで調子が良くて女性にもてる。

何を相談しているかというと、珍しく酒は手に入ったが、肴がない。一人が「糠味噌の樽の底には、必ず何か漬物が残っているものだ。それを掘り出してきて水に少し泳がせてから細かく切って、鰹節でも掛ければ『かくや』だ。立派な肴になるだろうよ」と知恵を出した。「かくや」は「覚弥」とか「隔夜」とも書くが、数種の古漬けを塩出しし、細かく刻んで醤油などで調味した。江戸時代初期に徳川家の料理番、岩下覚弥が始めたという説が有力だ。

　廻りの連中が「かくや」はいい案だ、と支持し賛同したものの、誰も自分から糠味噌の樽に手を突っ込もうとはしない。「うどん屋の釜」と同じ「湯（言う）だけ」状態。当時の男性は、自分で包丁を握るようなことはまずなかった。なかでも、糠味噌の樽に手を入れるのは、それこそ男の沽券に関わる忌み嫌うべき所業と考えられていた。連中は親父の遺言だとか、病気になる、と言って、それぞれ逃げまわる。そこへ近づいてきた半公の姿を見付けた熊さんが一計を案じて、ここは俺に任せておけ、と身を乗り出した。

「おい、半さん、小間物屋のみいちゃんをあまり泣かしちゃいけないよ」

　この一言を聞くなり、半公はこれから用事があるから出かけるといった様子なのに、のこのこ上がり込んできた。

「みい坊は本気だよ。『あら、熊さん、半さんは本当に男の中の男。江戸っ子、職人気質、神田っ子、ねえ。他人《しと》にものを頼まれればけっして嫌と言ってあとイ引《し》き退がったことのない、そういう立て引きの強いところに私は惚れました』っていうじゃないか。お前、向こうは本気だよっ。……おめえ、立て引きが強いんだってな」

「他人《しと》にものを頼まれれば、嫌と言ってあと引き下がったことないお兄いさんだ、本当に。べらぼうめ」

熊は半公をおだてあげて糠味噌に手を突っ込ませる魂胆だから、じわじわ絡めるように話を進めていく。

「ここにいる一同がそろってお前に頼みがあるんだ。聞いつくんねェか？」

「何でもいってみな。芝居の総見でもしようってのか？　付き合おうじゃないか。どっかの店に暖簾でも贈ろうっていうのかい？　割り前も出してやらあ」

すっかり気を良くした半公は大きな顔をして、自分の胸を叩いたところ……。

「いやあそうじゃねえんだよ。ちょいと糠味噌の中から古漬け出してもらいてえんだ」

熊の鋭い一撃がとんだ。しまった、謀られたと気づいた半公、それだけは勘弁願いてえと、先ほどの元気はどこへやら、しょぼんとしてしまった。

「駄目なんだよ。これから用足しに行かなきゃなんねいし。勘弁してくれよ。この頃はすっかり立て引きが弱くなっちゃって。『横引き』ばかり」

泣き言をいいながら、「かくや代」として幾ばくかの割り前を出す羽目になった。

志ん朝の父親の志ん生が、「立て過ごしだか横過ごしだか、知らねえけれど……」といったことは、すでに紹介した。父親の「くすぐり」を踏襲したのだろう。

半公からうまく肴代をせしめて、宴もたけなわになったところに気障な若旦那が登場、腐った豆腐を食べさせるという寸法だ。

朝の五時に起きて二人の息子の弁当を作るのが自慢のシンちゃんは、糠味噌を触るくらいは何でもない。

「やはり、男子厨房に入るを禁ずというくらいですから、時代が違うんですね」

と妙に納得した様子だ。

縦だ横だと茶々を入れられた「立て引き」だが、男の魅力の一面として用いられている噺が「転宅」だ。転宅という言葉は明治時代に生まれたが、現代ではまず使われない。普通なら「引っ越し」かせいぜい「転居」「移転」止まりだ。転居通知はよく用いる。この噺には泥棒が出てくる。落語に登場する泥棒はいろいろとあるが、本格的な悪人は少ない。どこか間が抜けていてどじでまぬけな泥棒が多い。この噺の泥棒もそのドジさ加減は、秀にして逸だ。

さる囲われ者が玄関先で旦那を送りだしているすきに座敷に上がり込んだ泥棒は、膳の上に残った酒肴に舌鼓を打っている。戻ってきた彼女の「元はといえば、私も泥棒の端くれ。今の旦那とは別れるつもり」という口車にうまく丸め込まれてしまう。

ここでは、柳家小三治を聞く。

家に入ったまではいいが、当の女主人から、「お前さんみたいな男らしいっていうか、向こうっ気があって、立て引きが強いっていうか、堂々としていて、度胸がある人が気に入ったよ。旦那とはもう別れたので明日から夫婦になろうよ」と口説かれ、その気になるところが落語だ。早くも亭主気分で「じゃあ、今夜はここに泊まっていく」といえば「それは駄目。二階に剣術と空手を使う用心棒がいて、いま湯に行っている」という。まぬけな泥ちゃんは、すっかり怖気づいて浮足立ってしまった。夫婦約束のしるしにと財布を取り上げられ「明日の昼、三味線の音がしていたら入ってきて」と放り出された。

次の日にいそいそ行ってみると、雨戸が閉まって静まりかえり、三味線の音なんぞ聞こえてこない。前の煙草屋で訊くと「ゆうべ間抜けな泥棒が入ったので、もう転宅しましたよ。そのうち泥棒が現れるでしょうから、あなたも一緒にここでご覧なさい」という。

「二階に用心棒が二人居るといったらあわてて逃げて行ったようですよ。よく見てごらんなさい、あの家は平屋なのにね」

「……あの女はいったい何者です？」

「なんでも義太夫の師匠らしいですよ」

「なるほど、道理でうまく騙《かた》りやがった」

「語る」と「騙る」の地口おちだ。義太夫は「語る」で、講談は「読む」という。

立て引きが強いか弱いかは知らないが、シンちゃんは人並み以上に頑固なところがある。温和な性質だから、頼まれたら断ったことはあまり無いはずだが、内気な性格とは反対に頼まれなくても、いろいろなところに足を突っ込みたがる。自己顕示欲と好奇心のなせるわざなのか、ご自身が精神分析の専門家だから、たまさか尋ねてみるが要領を得ない。いざ自分のこととなるとなかなか分析できないものらしい。

◎――「そっぽがいい」とは「イケメン」のこと

近頃ではあまり耳にしなくなったが、昔はよそ見をしたり、あらぬ方向を見ていると、「そっぽを向いてるんじゃない」と怒られたものだ。もともとは「そっぽう」で、歳月とともに「そっぽ」に転化したと考えられる。『日国』によると、語源と歴史的仮名づかいは不詳とある。「そっ」を接頭語とする説や「其方」あるいは「外方」から転じたなど、諸説があるようだ。『日国』では最初に「頬《ほお》のこと」を挙げられている。「乱暴に、あるいは、ののしる気持でいう語。横っつら」と説明がある。「喧嘩といえばそっぽうをなぐるもの」というように用いる。となると、思い起こすのが「妾馬《めかうま》」だ。気立ての良い長屋の孝行娘、つるが、お殿様の目に留まりお世継ぎが生まれた。おかげでがさつ者の兄、八五郎が武士として取り立てられるという「長屋ドリーム」の物語だ。武家社会だから許される噺で、当世では時代錯誤の女性蔑視も甚だしいと、非難を浴びるかもしれない。

ここも古今亭志ん朝の噺を聴く。つるが世継ぎの男子を出生したので、つるからお鶴の方に「出世」した。老母と暮らす職人の兄に会いたいというお鶴のひとことで、八五郎が屋敷に招かれる。大家から羽織袴を借りて参上したものの、言葉遣いに所作、礼法などまったくわからないから失敗に失敗を重ねる。こういう状況での案内役は、だいたい重役の田中三太夫と決まっている。いわば殿様の秘書役で、三太夫の名前は現代でも使われている。『広辞苑⑦』には「華族や富貴の家の家事・会計などをつかさどるひとの異称。家令・家扶・執事の類」とある。英国風にいうならば、バトラー（執事）になろうか。「社長の海外出張で『三太夫役』を務めた」などと用いる。

「そのほうの妹、つるが安産をいたし、世襲《よとり》じゃによって、予は満足に思うぞ。どうじゃ、そのほうは？　返答をいたせ。どうじゃ？」

と声を掛けられても、話の意味がわからないから、答えが出てこない。

殿様は、不審げに「三太夫、その者はいかがいたした？」と尋ねる。

「なにをしておる。早く即答を打《ぶ》たんか」

八五郎に顔を近づけて、催促するものだから、「そんなことしてかまわねェのかい？」といぶかしげに三太夫の顔を見つめている。「かまわんから早く打てェ」のひと言で、思いっきり三太夫の頬を引っぱたいた。

「無礼なっ！　なぜ身共の面体《めんてい》を打つ」

三太夫が怒ること、怒ること。

「面《つら》ァそばィ持ってきて、そっぽ打て、っていうものだから、張り倒したんだよ。ええ？　なあにィ？　なんかいうところか？　ならそう言ってくれればいいのに」

三太夫の「即答を打て」を「そっぽを打て」と聞き間違えたようだ。大家に入れ知恵されているから、何でも頭に「お」を付け最後に「様とたてまつる」で丁寧に返事をしているつもりだが、「お私は、お八五郎様と申したてまつりましてェ……」とやったものだから、殿様は何を言っているのかわからない。当の八五郎だって、わかっていないのだ。

やがて酒肴の膳が用意され、ほろ酔い気分になった八五郎は都々逸《どどいつ》まで披露する。殿様もうれしかったのだろうが、八五郎もすっかりできあがった。おそらく「殿様といっても、俺の舎弟じゃないか」という気分だったのだろう。「おーいっ、殿公、どこか行こう」と盛んに兄貴風を吹かす。殿様も八五郎を気に入り、家来に取り立てる「出世物語」で終わるのが普通。

実はまだ噺の続きがある。侍に取り立てられた八五郎は馬で市中の見回りに出る。もちろん馬術の心得など無いから馬の首にしがみついているだけで、どこへ行ったものだかわからない。馬は鞍上の人品と技巧を見透かして、急に走り出した。折よく途中で馬術指南に出合い「どちらへ」と聞かれたのに「前へまわって馬に聞いてくれ」というのがおち。「鰻屋（素人鰻）」と同じような結末だ。そこで初めて題名の「妾馬」につながる。

そっぽには、もう一つ「容貌」という意味がある。漢字にすると「外方」を挙げる辞書が多い。「外方滅法《そっぽうめっぽう》」は滅法を強めた言葉で「めったやたらに。めちゃくちゃに」の意味だ。ほかに外貌、容貌、卒方、顔面などを当てる文献もある。つまり顔の造作だ。「そっぽが良い」とは今でいうイケメンということになる。

男と女の間は遠くて近いから、おかみさんが亭主に内緒で様子のいい男に惚れる例もごまんとある。「紙入れ」は間男の噺だ。

もてもての主人公は貸本屋の新吉。ある夫婦は、背が高くそっぽが良く、気風《きっぷ》もいい出入りの新吉をそろって可愛がっている。亭主は「新吉はそっぽが良いから、もてるだろう」といって、わざわざ紙入れをプレゼントするほど。おかみさんも初心な新吉に色目を使い、いい仲になる。古川柳に「間男は亭主の方が先に惚れ」とある通りの筋書きだ。

このおかみさんが旦那の留守を幸いと新吉に手紙をやって、自宅に招き入れた。

「新さんはそっぽが良いから、若い娘でもできたんだね。わたしなんぞはおばあちゃんだから、もう嫌になったんじゃないのかい?」と、亭主を気にしておどおどする新吉を可愛がる。鰻や玉子焼きを誂えていざ布団に入ろうとすると、表の戸をたたいて旦那がご帰還。あわてて履物を裏に回してもらい、新吉は一目散隋徳寺を決め込んだ。

家に帰ってから「やはり、止しとけばよかった」と後悔したが、遅かりし由良之助だ。その上旦那にもらった紙入れを忘れてきたのに気が付いたから、もう寝られない。

「紙入れ」も死語に近い。『広辞苑⑦』には「鼻紙・薬品・小楊子など外出の時に入用な物を入れて携帯する用具」とある。本来は「鼻紙入れ」からきた言葉だ。当世ならウォレットとかポーチとかいうのだろう。小物入れだから、セカンドバッグに近い。まずいことに新吉の紙入れには、おかみさんからきた「誘いの手紙」が入っていた。

まんじりともせずに翌朝早くから、旦那の家に駆け付けた。もしばれていたら、すぐに地方へ逃げ出す覚悟だ。落ち着かない新吉を横目にして、亭主の留守に若い男を呼び入れるような強者《つわもの》のおかみさんは、万事にぬかりはなかった。

「ちゃんと隠してあるに決まっているじゃないか」

と新吉を安心させ、亭主にも「そうだろう」と同意を求める。

「そうとも。留守の間にかみさんを寝取られるような間抜けな亭主だもの、よしんば紙入れを見付けても、気が付くめえ」

わが友人の愛すべきシンちゃんは、名前が同じシンでも「紙入れ」の新さんとはまったく関係はない。もしかしたら「間男」という言葉すら知らないのではないかと思われるほどの堅物で、残念ながら「紙入れ」や同根の噺「風呂敷」とも無縁だ。

第三話

丁半からはんちくまで「半の字物語」

落語には、賭け事に因んだ噺が多い。「狸賽《たぬさい》」「看板のピン」「竃幽霊《へっつい》」などだ。

さる博打好きな男が悪童たちに捕まった子狸を助けてやると、夜になって「恩返しをしたい」と昼間の子狸が訪ねてくる噺が「狸賽」。賽子《さいころ》に化けた狸は親になった男のいう通りの目を出す。あまりに当たり続けるので、不審に思った仲間から目の数を口に出していうな、と禁じられる。仕方がないので、五の目が欲しいときには「梅鉢だ。加賀様の紋、天神様だ」と連想ゲームよろしくヒントを教えるが、子狸にわかるわけがない。壺を取ると、中で小さな天神様に化けていた。

狸は愛敬があるせいか、狐と並んで多く落語に登場する。善意からいろいろな「恩返し」を試みてくれるのだが、人間社会の常識にはそう簡単になじめない。どうしても計画通りに事が運ばず、馬脚ならぬ狸の尻尾を現してしまうから落語になる。

この博打は「チョボ一」といって、壺の中に賽子を一つだけ入れて、その目を当てるごく単純なゲームだ。一から六までのどこかに賭け金を置く。当たると親から四倍の配当をいただく。誰も張っていない目が出たら、親の総取りとなる。きっと五の目には、張る者が誰もいなかったのだろう。

「竃幽霊」という噺にはサイコロを二つ壺の中で転がして、出た目の和が偶数（丁）か奇数（半）かを当てる丁半博打が出てくる。確率はまったくの五分と五分。「へっつい」については先に説明した。

さる古道具屋に並べられたへっついは、よく売れるのだが数日たつと必ず返しに来る。買って据えつけたのはいいが、夜中になると男の幽霊が現れ、「金を出せ、金を出せ」と脅すからだ。博打好きの左官屋、長五郎が作った物で、運よく博打で儲けた三百両を「へっつい」に塗り込んだまま、河豚に当たって死んでしまう。しかし三百両に未練があるから成仏できず、新しいへっついの持ち主のところに夜な夜な現れるのだ。

このわけありのへっついを三両に値切って手に入れたのが、同じ長屋に住む博打好きで遊び人の熊と道楽が過ぎて勘当されている生薬屋の若旦那、徳の二人。徳の台所に運びこむ途中、へっついを落として角が欠けると三百両が出てきた。二人は折半してすぐに使ってしまう。もちろん熊は博打、徳は女のところだ。夜になって現れた幽霊をみて、徳は震えながら熊に助けを求めた。熊は徳の生家の生薬屋《きぐすりや》を訪ね、三百両を融通してもらった。その夜に現れた幽霊の長五郎に半分を返すことで話が付いた。お互いに博打が大好きときているから、すぐに「勝負！」となり、熊が長五郎の百五十両を巻き上げてしまった。

負けた長五郎が「もう一丁」というのに、熊が「お前、金はあるのか」と心配する。長五郎は「おれは幽霊だから、決して足《あし》は出さねえ」と強がるのがさげだ。

◎——偶数と奇数に秘められた深い意味

サイコロ賭博でいう丁は偶数で、半が奇数だ。奇数と偶数に分ければ、半端《はんぱ》は「奇」の概念に入る。半の字には「半可通」とか「半端者」といったマイナスのイメージがある言葉が多い。どこか一人前にはならない中途半端な人物像が浮かんで来る。集団や組織にすんなりと納まりきれない。八方美人というよりは圭角が取れない人を指す場合もある。流行りの言葉でいうと、コミュ障（コミュニケーション障害）を抱えているのかもしれない。

おなじみの熊さん、八っつぁんとともに庶民派の代表格が「半ちゃん」「半さん」「半の字」「半てき」「半公」などと呼ばれる人物だ。正しくは半次、半七、半兵衛などというのだろう。愛敬もので、見栄っ張りのおっちょこちょい。

おだてると、すぐ木に登ってしまうタイプだが、町内の人気者だ。周囲から、しょっちゅうからかわれていても、本人はなかなか気が付かない。熊五郎や八五郎よりは常識を少しばかり備えている点が違う。この「半ちゃん」の半も、丁半の半と関係があると考えられる。職業は、なぜか建具屋が多い。小間物屋のみいちゃんとか仕立て屋のぎんさんと噂が立つが、「足袋屋の看板」で「片方だけ」。つまり片想いが多い。

第二話で紹介した通り「酢豆腐」の半公も典型的な脇役だが「半の字物語」では堂々たる主役であることに間違いない。

「蛙茶番」の半次は、いちもつが自慢の建具屋で、通称「バカ半」と呼ばれている。町内の素人芝居で場内整理の舞台番を命じられ、役不足と拗ねている。岡惚れしている仕立屋の娘が楽しみにしているとなだめられ、張り切って舞台の裾に坐ったのはいいが、下帯を締めるのを忘れてしまった。

半端と同じ意味で、「はんちく」という言葉がよく落語に出てくる。「青菜」の植木屋は「植木屋さん、ご精が出ますね」と声を掛けられ、井戸水で冷やした柳蔭《やなぎかげ》（焼酎と味醂を混ぜた酒。江戸では「直し」ともいった）と鯉の洗いをご馳走になる。旦那と奥方の「隠し言葉」のやり取りを再現したくて仕方がない植木屋は、近所に住む大工の半公に「植木屋さん、ご精が出ますね」と声を掛けるが、「植木屋はお前だろう。今日は仕事がはんちくになっちまったんで、休みにして湯から帰ってきたところだ」と話がかみ合わない。ご精が出るどころの気分ではない半公は、普通の酒を柳蔭として飲まされ、鰯の塩焼きを鯉の洗いだから、さっぱりしているだろうと勧められ、嫌いな青菜も無理矢理食べさせられる羽目になる。「隠し言葉」のやりとりは次の第四話で説明したい。

「はんちく」は、江戸の方言だという説もあるが、今では、ほとんど聞かれない。『広辞苑⑦』には、「半ちく＝中途はんぱ」とだけある。はんちくに似ている言葉に「半助」がある。『広辞苑⑦』には、「①（一人前でない意）少しとんまな人をののしっていう語。②明治期、円助（一円）の半分、すなわち五〇銭をいう」とある。

◎——国際的になった「はんぱない」は、いまや「パネイ」

ところで二〇一八（平成三〇）年ロシアで開かれたサッカーのワールドカップで頻発され、流行語大賞候補と話題になったのが、「半端ない」だった。はんちくの同類項として、考えてみたい。

グループリーグ初戦の日本対コロンビア戦で見事なヘディングシュートで決勝点を挙げたフォワード大迫勇也選手の活躍から、外国にまで紹介されている。なんでも、二〇〇八年の第八七回全国高校サッカー選手権大会の準々決勝（〇九年一月五日）で大迫のいる鹿児島城西高校は、兵庫県の滝川二高に6－2で勝った。敗れた滝川二高の主将、中西隆裕が、試合後のロッカールームで「大迫、半端ないって……」と、泣きながら称賛したのが、インターネット上で拡散され、大迫の「代名詞」となった。映像は日本テレビ撮影と思われる。ロシアのスタンドに持ち込まれた応援ボードには、大きな顔のイラストと「OSAKO HANPA NAITE」の文字があり、同じデザインのTシャツも出回った。

イギリスの高級紙ガーディアンの大迫選手紹介にも、「Hampanaitte」とローマ字で紹介され、「awesome」、「incredible」と説明されている。意味は「素晴らしい」、「信じられない」といったところで、「awesome」は、「畏敬の念」から「すごい」にスラング化した経過は、後段に述べる「やばい」に通じるところがある。

「半端ない」の用法は、大迫に始まったものではない。まず、「半端」とはどういう意味なのか。『日国』によれば、「①あるまとまった数や量がそろっていないこと。完全な状態でないこと」とある。さらに「②どちらともつかず徹底しないこと。また、そのことやそのさま。中途はんぱ」とある。

『広辞苑④』には、「①数・量がそろわないこと。はした。②どちらともつかないこと。③気がきかないこと。また、その人。まぬけ」と記されている。

③の「気がきかない」というのは、古くから東京に住む人たちの間では、最大の侮蔑語だった。池波正太郎が好んで用いた「気配り」ができないことだ。

一九八四年から「新語・流行語大賞」を主催している自由国民社の『現代用語の基礎知識2000』には、「若者用語」の「風俗・流行」に「パじゃない」が収録されている。説明は「ハンパじゃない」とある。「半端ではない」の頭部分（はん）が省略されて「ぱ」だけが残ったのだ。「半端ではない」の「では」が俗に流れて「じゃ」となり、やがて省略された。「ない」は荒れて「ねえ」となり、「ねぇ」から「ねっ」、「ね」一字に短縮化された。現代では、「マジ半端ねぇ」とか「超半端ねぇ」と変化し、いつのまにか半端の半は消えてしまった。今では、「ぱねぇ」とか「マジぱねぇ」と短くなり、「ぱねぃッス」にまで変形している。

要は、二十年以上も前から「半端ない」という言いかたが、広く通用しているのだ。

『広辞苑⑦』を広げて「半端」を引くと、前記の『広辞苑④』をほぼ踏襲した「①数・量がそろわないこと。はした。②どちらともつかないこと。③することに抜かりがあるさま。まぬけ」に続けて、なんと「半端ない」が「人出が半端ない」という用法とともにしっかりと載っているではありませんか。さすが、「第七版」だけのことはある。「形容詞（『半端ではない』の省略から）はなはだしい。ものすごい」と、詳しく述べている。

「人出」や、「桐生祥秀の俊足」「大谷翔平の球速」といったように、数量や物事の程度を指したのが当初の用法だったと思われる。それが、奇数というか、割り切れないことを否定することで、逆に「素晴らしい」とか「信じられない」といった最上級の褒め言葉に転用されて行った。陰陽思想によれば、奇数は陽で偶数は陰となる。日本人は偶数よりも奇数を好む。

「そうです。そうです。日本人は七、五、三のお祝いをするし、結婚のお祝いをするのにも、三万円か、五万円、七万円ですものね。二万円の人は一万円札一枚に、五千円札を二枚の計三枚にして祝儀袋に入れるという話を聞いたことがあります」

とシンちゃんは納得顔だ。さらに「日本人は、九を「苦」に通じるといって嫌いますが、香港の金持ちの自動車の番号には、九がたくさん並んでいますよ」とつけくわえてきた。

確かに、香港の高級住宅地に行くと、「9999」のように、9の数字がついた自動車番号が多い。日本では、一月七日（人日《じんじつ》）、三月三日（上巳《じょうし》）、五月五日（端午）、七月七日（七夕）、九月九日（重陽）といった節句のお祝いを大切にする。偶数の「八」だけは、末広がりといって好まれるのは例外だ。

英語では偶数はeven numberで、奇数はodd numberだ。oddには、「奇妙」といったニュアンスがある。漢字の「奇」には並はずれた、とか優れたという意味もある。奇才、奇功、奇勝などは、本来プラスイメージの意味で用いられたもので、変わった才能ではない。奇功は細工が上手なこと、優れた功績をいう。奇勝とは景勝と同じだ。

シンちゃんは、「フランス語の偶数は、nombre pairで、奇数はnombre impairと言います。フランスやスペイン、イタリア、ドイツなどでは、偶数を現す『対』に対して、奇数は『対ではない』と表現するから、まず初めに偶数の概念があるんです」と、理路整然としている。なるほど、なるほど。

◎――東京者にとっての半端

シンちゃんは、「こんな資料を見つけました」といって、小島政二郎の『眼中の人』を持って来た。初版は一九四二（昭和一七）年の「三田文学出版部」で、大正時代の文壇の貴重な資料の価値がある。芥川龍之介、菊池寛と小島の三人で、日本橋へ食事に出かけ、芥川が勘定を払い、菊池が心づけを卓上に置いて出る情景だ。菊池は五十銭硬貨を三枚出した、芥川が、「菊池、もう五十銭置けよ」といった。菊池はその理由が全く分からずに「なぜ？」と芥川に聞き返した。芥川は「なぜッてこともないけど、一円五十銭はおかしいよ。ねえ小島君」と同意を求めた。

〈芥川のおかしいという意味が、東京者の私には、なんの説明もなしに頷けた。東京には一円五十銭の二円五十銭のと、半端のつく祝儀を置くシキタリがなかった。一円か二円か、それでなければ三円か、四円という祝儀もなく、一躍五円となる。私はその由を説明した。〉

（岩波文庫、一九九五年）

菊池は、「二円置く気持ちにならない。一人五十銭ずつで、ちっともおかしいことはない」

と自説を曲げない。芥川はならば、一円にしろという、菊池は「一円じゃ少し女中に可哀そうだ」と言い返す。二人は「祝儀は理屈じゃないから。もう五十銭置けよ」と説得したが、菊池は「いやだ」と頑固に応じなかった。小島は「キマリが悪くって、いたたまれない気持ちになった」と書いている。芥川も小島も「シキタリの巣」ともいうべき下町育ちだ。高松出身の菊池には、なかなか理解できない「世事」だったのだろう。

「五百円硬貨三枚で千五百円といった感じでしょうか。三円、四円がなくて次は五円というところがすごいですね」とシンちゃんは感心している。やはり、硬貨二枚と紙幣一枚では、どこか趣が違う。芥川と小島が言うように、心づけは理屈ではないのだ。

◎──落語で描く隠語の世界

半助の下の部分、「助」について少し触れてみたい。助の一字だけでは舞台や寄席で応援のために出演する人を指す。一般的には、主演者よりも下位の場合が多い。助兵衛は「好き兵衛」が転じたといわれる。そんなところから、人物や名詞の下について、やや蔑みの意味が生じた。銭形平次の子分、ガラッパチの八五郎が「おっと合点、承知の助」といって駆け出すと、なにか不安を感じさせるおかしさがある。

女性のことを「スケ」というのは、「おんな」をひっくり返した「なおん」に助を付けて「なおんの助」から「なお助」に転じ、やがて「なおん」が取れたとも、「おなごの助」から「なご助」に転じ、「助」だけが残ったともいわれる。「なご助」は、『広辞苑⑦』に「女性・女子をいう隠語」と載っている。

シンちゃんは、「私もはんちくなところがないとは言いませんけどね、だいたい『半端ない』なんて言葉は、今どきのはんちくな人に似合うんですよ」と、なかなか辛辣なことをいう。今回「はんちく」なる言葉を初めて知った人の物言い、とはとても思えない。

隠語は賭博から出た言葉が多い。「タメ」というのも博打用語で、サイコロを二個使う丁半博打の数が二つ揃うこと。

目が揃うから「ソロメ」「ゾロメ」というようになり、競馬でもよく使われる。

近頃は「タメ」もかなり市民権を得た言葉になり、「ため齢《どし》」とか、「ため口」とか、ごく普通に用いられている。『広辞苑⑦』には、「相手と同程度の地位であることをいう俗語」と加わった。

「シカト」というのも、花札から来た。十月の紅葉と鹿の図柄を思い出してもらいたい。紅葉を背景に鹿がすっくと立って横を向いているが、顔は少しよそ見をしている。そこで、無視することを「鹿の十月」で「シカト」となった。

『広辞苑⑦』には、「（花札の紅葉の札の鹿がうしろを向き知らん顔しているように見えることからという）相手を無視すること」とある。横向きだが、別に後ろを向いているようには見えないけれども。

◎――意味が逆になった「やばい」

シンちゃんには周囲の人の状況や会話、視線、雰囲気（空気）を無視して、唐突に自分の言いたいことを喋り出す子供みたいな癖がある。

「大発見、大発見。ねえ、キョージュ、『やばい』という言葉は、『刃《やいば》』から来たんだと思うんですよ。いいでしょう」

なんの脈絡もない発言に、周りの人はびっくりするけど、「また、始まった。シンちゃんのことだから、しょうがない」といった顔をしている。

うーん。やばいに刃《やいば》を結びつけてきたか。なかなか面白い。シンちゃんにしては、よくできた発想だ。もしかしたら、次に紹介する新聞の投書を読んだからかもしれない。

朝日新聞の投書欄に二十七歳の主婦が「丁寧な言葉選び『ヤバイ』を卒業」と投稿した（二〇一八年十二月）。四か月前までは「ヤバイ」が口癖で、なんでも「ヤバイ」で片づけていた。

二児の母親になったのを機に、娘が言葉を覚える前に直したいと思った、という。夫と相談して、「ヤバイ」と言ったらすぐに他の言葉に言い換える規則を作ったらしい。

二〇一九年の二月には、この投書を読んだ九歳の女子小学生が、「『ヤバイ』よりふさわしい言葉を」と投稿した。普段から「ヤバイ」を使っていたというこの女児は、次のように書く。

〈「ヤバイ」という言葉を、じ書で調べてみました。「あぶない、よくない、のくだけた言い方」と書いてありました。じ書にのっていることにおどろきましたが、よく考えてみると、「ヤバイ」はなくてもこまらない言葉だと思います。なぜなら、おいしい時は「おいしい」、うれしい時は「うれしい」などのように、ふさわしい言葉があるからです。〉

要は「相手のことを考えて会話することが大事だと思う」と明快に自分の意見を述べている。立派だ。

さらに半月ほど経って、八十三歳の無職の女性が投稿した。

〈ある人が集まりの日時を忘れていることに気付いたら「あの人ヤバクない？」と誰かが言う。すると別の人が「あらかじめ電話するよ」と言って、その人が忘れることのないようにみんなで気を配ります。その際に「あの人変だよ、あぶないよ」と言うよりも、「あの人ヤバクない？」という言い方がユーモアもあって気軽に笑って使えるのです。〉

これは「ヤバイ」の中に全員が認知症への恐怖を共有しているから、ユーモアとともに成り立っている話だ。投稿者は「若い人がうまく言葉を縮めて新語を作り出すことに感心するととともに、ヤバイもまんざらではないなと思っています」と書くが、これだけ若い人の言葉に関心があれば、ご本人が「ヤバクなる」のはまだまだ先のことに違いない。

言葉の順序を入れ替えるのは、「遊び」の精神で、宿《やど》を、転倒させて、ドヤ。場所はショバ。ガラスを「すがら」。上野を野上と転倒させておいて「ノガミ」と読む。ギターはタイギ、六本木はギロンポなど、最近の音楽関係の芸人たちが好んで用いているが、その歴史は古い。タモリは森田一義の姓を転倒させたものだ。

しかし調べてみると、「ヤバイ」はどうもシンちゃんのいう「刃」とは関係がないようだ。強いて漢字を使えば「危い」と書く。「危《あや》うい」や「危《あや》ぶむ」あたりにその理由がありそうだ。『日国』によれば、「やば」という名詞から発生したとある。「やば」を引くと「法に触れたり危険であったりして、具合の悪いこと。不都合なこと。あぶないこと。また、そのようなさま。やばいさま」とある。そこで「やばい」を引くと、「やば」が形容詞化したもので、「もと、てきや・盗人などが官憲の追及がきびしくて身辺が危うい意に用いたものが一般化した語」と記されている。やはり「あやうい」、「あやぶむ」にたどりつく。

十九世紀初頭（江戸末期）に書かれた十返舎一九の滑稽本『東海道中膝栗毛』にも「おどれら、やばなことはたらきくさるな」と登場しているから、最近の「若者ことば」ではなく、その歴史はかなり古い。

「やば」とは、野馬（野原に放牧されている馬）の説もあるが、矢場のことだろう。現在の射的、パチンコの前身と考えていい。矢場には正体不明な女性がいたから、後の「銘酒屋」につながっていく。裏では、売春を営んでいた。つまり堅気の人が出入りするようなところではない。警察関係の警戒区域になっているから、犯罪者仲間には「危険な場所」と考えられ、警官や看守などを指す。「やば」あるいは形容詞の「ヤバイ」を名詞としても用い「やばの親玉」といえば、警部を意味した。

川端康成が一九三〇（昭和五）年に発表した小説『浅草紅団《くれないだん》』（講談社文芸文庫）は関東大震災以後の、猥雑な浅草の喧騒と隆盛を描いた作品として、注目される。川端がまだ三十歳のころだ。浅草は元をたどれば、浅草寺の門前町だが、いつの世も庶民の歓楽街だった。コロナ禍の前までは、世界各国からの観光客で一日中賑わっていた。

レビューや安来節に代表される大興行街にうごめく女性と彼女たちを操るヒモ、食堂の残り物を目当てに底辺で生息する浮浪者など、浅草に生活する各層の男女を観察する川端の幅広い好奇心が鋭い。東京の掃き溜めのような街を生活の場とする不良集団「浅草紅団」の女首領、弓子に魅せられた川端は、今でいうドキュメンタリータッチの手法で、「浅草村」の中に自分を置こうとするのだが、結局は一旅行者としてでしか、牢固にして猥雑な浅草に入り込めない。

昭和初期の浅草のイメージは、川端の言葉を借りれば、「エロチシズムと、ナンセンスと、スピイドと、時事漫画風なユウモアと、ジヤズ・ソングと、女の足と―。」となる。首領の弓子以外にも、正体不明な春子やお糸といった女性や堅気の生活とは縁のない男性の行動を追うなかで、多くの隠語が出てくる。ズベ（不良少女）、グレ（宿なし少年）、ズブ（流しの乞食）、デカ（刑事）といった類の言葉だ。今に残っているものも多い。

文中に私として登場する川端は、なにやら文章を書く「おじさん」として、連中に認知されている。春子によれば、お糸は洗い髪で公園を歩くと、「血の雨」が降ったものだが、今はデパートの売り子に化けて、初心《うぶ》な売り子を仲間に引き込んでいるという。春子への科白だ。〈「この間お糸に紹介してくれたのはいいが、私と歩くのはヤバイ（危い）からお止しなさいって言うんだ。」〉

ここに、浅草の傍観者としての、作者がいる。いくら浅草の街が好きだったとしても、決して住人になることはできない。弓子や浅草の未来を考えても、何も残らない虚無の迷宮が見える。川端にとって浅草は永遠に「やばい街」だったのだ。

川端康成が浅草に執着していた時代から約半世紀後の一九七七（昭和五二）年に、橋本治の『桃尻娘』（講談社文庫）が「小説現代新人賞」の佳作に入選し、デビュー作となった。賞金は五万円。書き出しはこんな具合だ。高校一年生、榊原玲奈の独白のスタイルをとっている。

〈大きな声じゃ言えないけど、あたし、この頃お酒っておいしいなって思うの。黙っててよ、一応ヤバイんだから。夜ソーッと階段下りて自動販売機で買ったりするんだけど、それもあるのかもしれないわネ。家《ウチ》にだってお酒ぐらいあるけど、だんだん減ったりしてるのがバレたらヤバイじゃない。〉

川端が浅草の吹き溜まりに闊歩する少年少女たちの隠語として、用いた言葉が女子高校一年生の日常語として大手を振って登場している。ごくありふれた女子高校生の日常的言語の「モノローグ」の文体は「桃尻語」として注目を浴びた。

〈今日、アレが来た。アー、ホントにやっと来たって感じでサ。よかったよかった。心配してたのよねえ、だって新学期からズーッとなかったのよ。そりゃ、いつもキッチリ来るわけじゃないけどサ、「アー、ヤバイヤバイどうしようかな」って思いかけてたの。〉

冒頭の十六行の中に、「ヤバイ」が四か所も登場する。当時の小説現代新人賞の選考委員は、池波正太郎、山口瞳、結城昌治、野坂昭如、五木寛之。野坂だけが「桃尻娘」を強く推した。野坂の選評の一部だ。

〈のっけはとっつきにくかったけれど、今風の、ありふれたローティーン性の修羅絵巻の如くでありながら、作者の視点のたしかさが、はっきり伝わった。〉

（「小説現代」一九七七年十二月号）

「桃尻娘」には「ピンクヒップガール」とルビが付けられている。これは、編集部が応募原稿に付けたものだが、橋本は気にくわなかったようだ。後に削除している。「桃尻」とはどんな意味か。桃の先（枝についている反対側）は、座りが悪いところから、馬の鞍への座り方が安定しないさまや、尻をもじもじさせ、落ち着きなく立ち去ろうとするさまをいう。

文芸評論家の斎藤美奈子は、『桃尻娘』について、次のように評価する。

〈『桃尻娘』シリーズの功績は「高校生の日常語で小説をやった」ことではなくて（それだったらコバルト文庫だってそうなんだからね）、「高校生の日常語で妊娠小説をやった」ことである。〉

（『妊娠小説』ちくま文庫、一九九四年）

世の中のはぐれ者というかアウトロー、ドロップアウトした人たちの共通語は、連帯感を抱くために生まれた側面がある。仲間意識を醸成するためには、真っ当な一般人が用いる言葉とは異なる言葉が必要だった。自分たちだけにしか通用しない言葉を使うのは、一種のアイデンティティの確認でもある。全共闘による学生運動が衰退し、バブル経済の兆候が見えてきた時代に既成の体制への反発から、古い隠語が若い人のあいだにカッコよさを感じさせて用いられたとも考えられる。

該博な知識と釣り好きで知られる三代目三遊亭金馬に『浮世断語』（河出文庫）という本がある。金馬に言わせると、符丁には通り符丁と内符丁の二種があり、通り符丁は同じ商売ならどこへ行っても通用する。内符丁はその家だけの符丁だから、同業者であっても店が変われば、わからない。金馬は「すべての符丁に上品なものは少ない」と書く。

ただ最近、「やばい」は良い意味でも用いられるようになってきた。「おいしい」とか「素晴らしい」の意味で若い人が使う。一九九〇年頃からといわれるが、理由はわからない。

『広辞苑④』では、「危険である意の隠語」と、あるだけだ。

『広辞苑⑦』の「やばい」は、「①不都合である。②危険である」とあり、②に「のめり込みそうである。『この曲はくせになってやばい』」という用例を挙げている。この②の意味が変化したというか、時代の流れを汲んだということだろう。しかし、褒めことばの意味があるまでは取り上げていない。

シンちゃんは、『桃尻娘』を当然読んではいたが、育ちが良いから、決して「やばい」などという下衆な言葉は用いない。「やばい」には若い女性が使うイメージが強いという。となると、「やばい」の普及には橋本治の影響が大きいと考えるべきだろう。シンちゃんは、「やばい」が褒め言葉として用いられていることを、しばらくの間は理解できないと思われる。

◎——富くじで夢を買う人たち

江戸末期に大流行した「富くじ」も賭け事の一種だ。現代の宝くじと同様に、一攫千金の夢を追う人が多かった。「宿屋の富」「富久」「御慶」など、いろいろな噺がある。

一分が千両になるというのだから、夢中になる連中が出て来るのも道理だ。「江戸の三富」と称されたのが、谷中の感応寺、湯島の天神、目黒の不動尊。「御慶」は、鶴が梯子の上に止まっている夢を見た八五郎の噺。なんと縁起が良い夢よと、八五郎は鶴は千年というから千で止めて、梯子だから八、四、五にみたてて「鶴の一八四五番」を買うことに決めた。勇んで湯島天神前の札場（富札販売所）へ飛び込んだが、この番号はすでに売れていた。落胆していると、易者が梯子は下から上に昇るものだから、八四五よりは五四八の方が良い、とのご託宣。慌てて「鶴の一五四八番」を買うと、これがなんと千両の大当たり。今までの借金を払った上に羽織袴を誂え、年始参りに出かけるというおめでたい噺だ。

易者、辻占《つじうら》というのも江戸には大層流行った。すでに「井戸の茶碗」で説明した、裏長屋に住む浪人の千代田卜斎《ぼくさい》。昼は長屋の子どもたちを集めて素読を指南し、夜は表通りに出て売卜《ばいぼく》を業《なりわい》としている。日本人は古くから、占い、八卦見など運勢を判じるのが好きだった。もちろん中国からの影響が考えられるが、日本で独自に発展したのが「辻占」だ。辻とは、表通りが交わる交差点で、神の通り道とされた。黄楊の櫛《つげ》を持って、道を通る人の会話から吉凶を占った。黄楊は、神のお告げに通じるし、櫛は後の籤《くじ》につながる。

やがてご託宣が書かれた紙を子供が売るようになった。おみくじを街頭で販売するようなもので、ヤマガラ（シジュウカラの一種）が模型の神殿から運んでくる仕掛けを考えたり、後世には自動販売機の登場となる。多くは冬の夕刻花街の近辺で売られた。辻占だけではなかなか売れないので、お菓子や飴、煎餅、昆布などの駄菓子とともに売られた。「淡路島通う千鳥の恋の辻占、辻占なかのお茶菓子は花の便りがちょい出るよ、こうばしやかりんとう」などと声を出して子供が売り歩いた。京都伏見稲荷の「辻占煎餅」のほか、各地に当時の名残をとどめる菓子がある。

夏目漱石の小説『三四郎』（新潮文庫、一九四八年）にも登場する。

〈人通りの少い小路を二三度折れたり曲ったりして行くうちに、突然辻占屋に逢った。大きな丸い提灯《ちょうちん》を点《つ》けて、腰から下を真赤にしている。三四郎は辻占が買ってみたくなった。然し敢《あえ》て買わなかった。〉

都会的な女性、美禰子に魅かれた三四郎は行く末を辻占に託そうとしたのだろうか。三四郎は買わずに、そば屋に入って酒を飲む。

そういえば、銀座のクラブでもセロハンで包んだ煎餅の中に、占いや男女の恋の行く末に因んだ簡単な言葉が印刷された小さな紙が入っていた。かつての花柳界の名残だ。爪楊枝を包んだ紙にも、印刷されていて、今でも手に入れることができる。吉凶の占いというよりは、ごく簡単なおもちゃみたいなもので、お座敷などで恋の行方について話が弾むのが狙いだった。「どうぞどうぞ」「来てくれれば良いが……」「見れば見るほどけったいな顔」といったたぐいだ。

男女の仲を唄った都々逸《どどいつ》の詞もある。例えば……。

舌がもつれて言えないことも　好きな仲なら手で示す
こうしてこうすりゃこうなるものと　知りつつこうして　こうなった
あきらめましたよ　どうあきらめた　あきらめきれぬとあきらめた

大阪で生まれた「辻占茶屋」では、若旦那の伊之《いの》が難波新地（東京では辰巳）の芸者と所帯を持ちたい、と言いだした、道楽を重ねた伯父が、心中を勧めて芸者が本気なら、「一緒に死のう」というはず。だったらおれが仲を取り持ってやる、とアドバイス。いざ、本当に飛び込んでみたら噺が終わってしまうし、二人とも本心は死にたくない。暗闇で、まず芸者が「南無阿弥陀仏」と唱えて、落ちていた石を放り投げる。伊之も慌てて瓦をドボーン、ふたたび娑婆でご対面し、「あんた風邪引かなんだか」がさげ。

◎――エロ事師とカケ事師

ところで、「けんとく」という言葉がある。漢字で書けば、見得だ。仏教用語で、「正しい見解を得る」ことで、「物事を理解、会得する」といった意味だが、富くじを指すこともある。前兆や縁起の意味もある。

「見得買い」といえば「富くじを買う」ことだが、競馬で「見得買い」といえば、馬の成績、枠順、騎手、血統、持ちタイム、体重などの条件やデータをまったく考慮しないで、数字の好悪、縁起だけで買う。

例えば二〇一九（平成三十一、令和元）年の第八六回の東京優駿（日本ダービー）。一月七日生まれの人が自分の誕生日に因んで〈1―7〉の馬単を買っていれば、四七〇倍の高配当になった。誕生日や結婚記念日、電話番号、住所などから毎年同じ番号で買い続けている人もいる。もちろん邪道な買い方で、長く続けていれば赤字になるのは火を見るよりも明らかだ。

私が「週刊朝日」の編集部にいた一九六八（昭和四三）年に日本ダービーの観戦記を野坂昭如に依頼したことがある。この年の一月に『火垂るの墓』と『アメリカひじき』で直木賞を受賞したばかりだった。野坂の出世作『エロ事師たち』（三島由紀夫が激賞した）に因んで、「カケ事師たち」という見出しを使いたかったのが理由だ。当時の「週刊朝日」は月曜日が締め切りだった。

この年の日本ダービーは、七月七日の日曜日に行われた。優勝は九番人気のタニノハローモアで、単勝が三九六〇円、二着に有力馬のタケシバオーが入り、枠連で五七三〇円（二十番人気）という中穴だった。府中の東京競馬場で一緒に観戦し、翌日の月曜日朝、四百字詰原稿用紙で七枚の原稿を練馬の自宅に取りに行く約束だった。ところが翌日、朝早く練馬の自宅に着いたら、すでに出かけた後。さあ、困った。当時は携帯電話なんてものは無かったから、四方八方伝手《つて》を頼りに探しまくって、ようやく受け取ったのは夜になってからだった。

「四十一億円を投じた〝カケ事師〟たち——白蟻の如く競馬ファンのあふれ出た理由は?」と見出しが付いた雑誌は火曜日の昼には、鉄道の駅の売店や書店に並んだ。

私の編集者生活の中でも、会心の企画だった。その後、担当こそしなかったが、野坂はエッセイ「窮鼠の散歩」や「オフサイド」、小説『水虫魂』などを「週刊朝日」に連載することになる。

しかし、担当した編集者は、野坂の筆の遅さに大変悩まされることになった。

作家の村松友視が中央公論社の編集者時代、高井戸の野坂の自宅に約束した深夜に原稿を取りに訪ねたら、門に取り付けられているインターホンの器具が取り外され、細い電線が二本むき出しになっていた、と書いている。

原稿が遅いのは、本人の性癖だからなかなか簡単には治らない。井上ひさしのように、自ら「遅筆堂」と名乗る人もいるが、野坂昭如も決してひけを取らなかった。一九八六(昭和六一)年、「小説新潮」創刊五〇〇号記念の原稿が書けずに、詫び状をそのまま写真版にして七ページ分を掲載したという前代未聞の顛末は、『〆切本2』(左右社)に詳しい。

当時の「小説新潮」編集長、川野黎子《れいこ》は、「目次も刷り始めているのに、逃げた。三十年近く経った今でも、思い出すと、冗談じゃないわよ、って腹が立つ」と、「創刊七〇年」のインタビューで答えている。

〈野坂さんは、私は性に合わなかったですね。小説は好きで認めているけれど、人間は、好かない。怒りにまかせて、私が編集部のソファをナイフで切り裂いた、というのが有名な話になりましたが、パンナイフだからたいしたことないのよ（笑）〉

（「小説新潮」二〇一七年九月号）

そのソファの傷は修繕されることなく、長いあいだ編集部の同じ位置にあったという。昭如、ひさしのご両所は締め切りのない世界で、今頃は何に興じているのだろう。

野坂昭如は作家になるまでの混沌とした時代を自伝的小説『新宿海溝』（文藝春秋、一九七九年）にまとめている。

〈青果市場の符牒に、「もがき」と「なやみ」があり、前者は値をとばすこと、後者は低迷の意味、つまり、佐木は「もがき」のさなかで、庄助あたりは孤影悄然《しょうぜん》「なやみ」の人。〉

佐木とあるのは、『復讐するは我にあり』を書き下ろした佐木隆三で、庄助とあるのは、保坂庄助で野坂自身だ。

野坂にことのほか目をかけたのは「小説現代」編集長、大村彦次郎だった。大村の大学の一年後輩に熊谷幸吉（故人）がいた。学生時代に父親を亡くし中退する羽目になったが、交誼は続いていた。「野坂さんに会いたい」と言うので、紹介したら意気投合して、野坂家の居候になった。大村は次のように書いている。

〈中退したあと、絨毯のセールスや屋台のおでん売り、卸市場の仲買店の手伝い、ボイラーマンなど幾つもの職種を転々と渡り歩いた。

もともと文科の学生だから、小説を読むのが好きで、読めばそれなりに、辛辣な一家言があった。やっちゃ場の専門用語で、あの新人はいまがモガキだとか、ナヤミだとかいった。モガキは上昇中で、ナヤミはその逆だ。〉

（『文壇うたかた物語』筑摩書房、一九九五年）

古くからある青果市場《やっちゃば》の言葉で、入荷商品がだぶつき、安い値段でも売れないのが「なやみ」で、停滞気味の市況をいう。逆に入荷が少なく、値が上がって活況を呈するのが「もがき」だ。生鮮食品の野菜や果実だから、値が上がれば良いというものでもない。いずれも「苦しむ」ことに変わりはない。

「なやみ」は青果市場に限らず、相場用語として用いられていた。『日国』で、「悩む」を引くと、「相場が変動しそうな状況でありながら、あまりあがりもさがりもしない状態になる（市場用語字彙、一九二三年）」と「市場で、入荷が多く、売行きが悪くて滞貨する。『売れなやむ』の意から（市場用語辞典、一九三五年）」の二例が載っている。

婦人雑誌の編集者から築地市場の仲卸店に勤めることになり、市場の文化団体「銀鱗会」の事務局長を務めている福地享子に聞いてみた。一説によると、「なやみ」の語源は「お納屋」にあるという。お納屋とは、江戸幕府が市場に設けた「調達機関」のこと。今でいう資材部か調達部。役人が「買ってやる」という立場で、入荷の状況に目もくれず買いたたいていく。弱い業者はどれだけ苦しんだことか。「お納屋苦しみ」から転じて「なやみ」となったと、福地の著書『あいうえ築地の河岸ことば』（世界文化社）にある。

「遠慮しなくても良い時に遠慮して、遠慮しなければいけない時に、しゃしゃり出る」といわれる本来合理主義を標榜する医師のシンちゃんは、「なやみ」、「もがき」といった時の運や潮の流れに無頓着だから、博打にまったく興味を示さない。

それだけにかえって意外に飄々と相場を張れるのかもしれない。

◎――野球の言葉　三タコに三タテ

柳家金語楼の落語に「野球」という噺がある。一九三二（昭和七）年ごろの作と思われる。長屋には新しもの好きで「差配格」の男が必ずいるものだ。この男が「近頃流行りの野球をやろうじゃないか」と声を上げて旗を振ったものの、ほとんどの連中はまだ野球なるものを知らない。このあたりの雰囲気は「長屋の花見」や「寄合酒」の情景を思い出してもらいたい。

男は皆の衆を集め、「監督気分」で、それぞれのポジションを決めていく。

「まず、ペッチャー（ピッチャー）。真ん中に立って、まり（球）をほうる役だ」

「お前はキャッチャー、球を受け取る役だ」

「俺は木に登れない」

キャッ、キャッ、キャッ言うものだから、猿と間違えたらしい。

「次は曲がりっかど。一番（塁）から三番（塁）まであるぞ。一番と二番のあいだで、マゴマゴする役がいる。お前だ」

「俺は、マゴマゴするのは嫌だ」

「英語でショートケーキっていうんだ」

「それなら、コーヒーをつけてくれ」

「次はゲーヤ（外野）。右と左に真ん中。三人いるよ」

「みんな手袋の親方みたいなのをはめてな。キャッチャーは赤ん坊の布団をもってきな。縁《ふち》に紐を付けて首からぶらさげる。それに格子の付いたお面はないか」

「ひょっとこのお面ならあるよ」

ミカンを二十銭ほど買ってきて、まりにする。バットは台所から持ちだしてきたスリコギを使う。なんとか格好がついたが、ペッチャーは投げる前に、ボールを食べてしまうという大騒ぎ。

今では人気が薄れてしまったが、かつては野球といえば、一九二五（大正一四）年に創設された東京六大学野球だった。二六（大正一五）年に神宮球場が完成し、ラジオの放送とともに人気が高まっていった。

師走ともなると「掛取り」の噺が必ず高座に掛かる。昔は酒屋、魚屋、米屋などの日用品の支払いはその都度現金で払わず、月末に一括にして払うのが習わしだった。「掛け売り」という。店賃もそうだ。翌月に延ばしてくれと言っているうちに、大晦日。どうしても払ってもらおうと、商店の番頭や主人が掛け金のある家に押しかけてくる。払えない夫婦が相談して相手の好きなものに乗じて断ろうというのが、「掛取り」だ。

狂歌好きな大家、喧嘩好きな魚屋、義太夫好きな米屋、芝居好きの酒屋の番頭には芝居の物まねで丸め込んでしまう。三遊亭円生が極めつきだったが、最近は柳亭市馬（四代目）が三橋美智也の歌をふんだんに歌い「掛取美智也」と題して得意としている。

プロ野球（日本職業野球連盟）のリーグ戦は、一九三六年から本格的に始まるが、東京六大学野球の人気にはなかなか追いつけなかった。とりわけ早慶戦は、当時の一大イベントだった。早稲田の校歌「都の西北」に慶応の応援歌「若き血」を替え歌にして、「掛取り」に取り入れたのが、春風亭柳橋（六代目）。

野球好きの米屋が来たので、「催促軍」と「断り軍」の攻防という筋立て。米屋が慶応の応援歌「若き血」をもじって、催促する。

「今日は常とは違うぞ　この勘定くれねえ時は怒鳴るぞ　声高らかに　くれろー　くれろー
ゆっくりしねえでくれろー」

一方の八五郎は、早稲田の校歌「都の西北」で応戦する。

「みそかの催促　だめだよ金は　我らが日頃の貧乏を知るや　どうせこの世では払わぬつもり
ダメダ　ダメダ　ダメダ　ダメダ　ダメダ　ダメダ　ダメダ」

噺家仲間でも、草野球が盛んだった時期がある。柳家小三治監督の「ヨタローズ」、三遊亭円窓が監督の「ダジャレーズ」、古今亭志ん駒監督の「ヨイショーズ」といった野球チームがあった。こういう遊びも一門ごとに群れあうところが噺家らしい。

元ソニーで落語会やCDのプロデューサーを勤める京須偕充《ともみつ》によれば、桂文楽が落語家仲間と野球をやったとき、フォアーボールで一塁に出た。ベースを指さし「ここに坐るのかい」といって座布団にみたてて正座したという。高座に上がった気分だったのかもしれない。もちろん、文楽一流のサービス精神だ。


イチローは国民栄誉賞を三度辞退したが、野球界では以前にも辞退した人がいる。世界の盗塁王、福本豊（元阪急ブレーブス）だ。辞退の理由は「そんな賞をもらったら、立小便ができなくなる」といわれているが、真偽のほどはわからない。テレビの解説者として数々の面白い

「福本語録」を残している。

上方落語協会会長の笑福亭仁智《じんち》が、「零対零で延長戦にもつれこんだスコアボードをみて、ゼロが仰山ならんで、タコヤキみたいやな」という福本の話をＮＨＫテレビの「日本の話芸」で紹介していた。これには続きがある。延長十五回裏にようやく阪神が一点を挙げ、サヨナラ勝ちを決めると「おお、タコヤキにつまようじが付いたな」とおちをつけた。

野球で「タコ」といえば、凡打（三振）を指す。「今日は、大谷投手に四タコだった」といえば、四打数ノーヒットに抑えられたということだ。釣りの「坊主」からタコにつながったとも、「薬缶の蛸」（手も足も出ない）からの連想ともいわれる。福本豊は、おそらく凡打のタコからタコヤキを発想したのだろう。

野球では「タコ」に似たマイナスイメージの言葉に「三タテをくらう」の「タテ」がある。プロ野球の日程は三連戦が基本の形で、同一チームに三連敗するのが「三タテ」だ。阪神が巨人に三連敗を喫した時、「阪神、巨人に三タテ」と表現するもので、「巨人、阪神を三タテ」というのは、意味はわかるが、誤用というべきだろう。あくまでも、負けた側からの見方だ。新聞の見出しは字数などの制約から、「を食らう」や「食らわす」が省略されるので、いつの間にか「連勝」でも、「タテ」を使う例が見受けられるようになった。相手チームが異なるときは同じ三連敗でも、「三タテ」は用いない。二〇二〇年はコロナ禍の影響で、パリーグでは同一チームと六連戦が組まれた。オリックスは、ロッテに六タテをくらった。

この「タテ」はどこから来たのだろう。今まで、「立て過ごし」とか「立て引き」とか「立つ」について触れてきた。タテは「立て」から来たと考えると、まず「立て続けに負ける」などの用法から、生まれたと考えられる。しかし、「立て続けに勝つ」とも使うから、なぜ「負け」だけの意味になったか、疑問が残る。「立て続け」の「立て」は強調の意味の接頭語だ。「立ち」が動詞の頭に付けば、語勢や意味を強め、改まった感じになる。「初心に立ち返る」などと用いる。名詞にも付く。「立役者」とか「立行司」といえば、「第一の」「筆頭」といった意味がある。

また「たて」は動詞の連用形に付いて、その動作が終わって間もないことを表す例もある。「炊きたてのご飯」、「トウモロコシの採れたて」の「たて」と関係が深いようにも思える。「そばの三たて」といわれる「挽きたて、打ちたて、茹でたて」のように、動作に連続性がある点にも関連性があるかもしれない。

『広辞苑⑦』で「たて（立て）」を引くと、「数詞に付いて、つづけざまの負け。連敗」とある。これだ。しかし、「同一チーム相手」という縛りがない。『日国』には、「勝負事などの回数を数えるのに用いる。博打の一《ひと》勝負を一立《ひとたて》という」とある。麻雀でいう「場」とか半荘《ハンチャン》、一荘《イーチャン》も「一立」に相当するのだろう。歌舞伎の幕の数や映画の「三本立て興行」も同じだ。博打は負けるものと相場は決まっているから、連敗の数を数えるのに用いられたのかもしれない。

『数え方の辞典』（小学館、二〇〇四年）というユニークな辞書の助数詞一覧には、「連敗した際、その負け数を数えます。『日本シリーズでは四立てで負けた』」と記されている。

ところで、三タテはいつごろから使われたのだろう。朝日新聞デジタルの「ことばマガジン」に記者の日比野容子が詳細に調べたコラムが載っていた。最も古い朝日新聞の使用例は、一九五三（昭和二八）年四月九日のスポーツ面、プロ野球の結果。一段見出しに「東急、近鉄に三タテ」とある。スコアを見ると、東急が近鉄に三連敗したことがわかる。しかし歳月の経過とともに、「G、虎を3タテ」という誤用も生まれた。助詞はあくまでも「を」ではなく、「に」が本寸法だ。

◎——「お団子」とベーグルの比較文化学

テニスで一ゲームも取れずに0—6でセットを落としたときに、日本では俗に「お団子で負けた」という。6タコを喰らったようなものだ。串にささった団子の丸い形を○に見立てたのだ。もちろん俗語だ。

団子は「初天神」に出てくる。落語には子供が出てくる噺も多い。どういうわけか男の子が多く、たいがいこましゃくれて可愛げがない。子供の予想外の言動に大人が翻弄される構図が一般的だ。「真田小僧」「桃太郎」「初天神」「藪入り」「子別れ」などだ。

息子にせがまれ渋々天神様へ初詣に行くのが「初天神」。「何も買わない約束」だったが、息子からみたらし団子を買わされた父親は蜜をしゃぶっては、また壺の中に繰り返し入れる。凧を買って揚げたはいいが、糸を息子に渡さず一人で楽しんでいる。息子の「連れてくるんじゃなかった」が、さげだ。

タコヤキやお団子は日本でしか通用しない。英語では0―6でセットを落とすと、ベーグルと呼ぶ。3セットマッチで0―6、0―6と1ゲームも取れずに負ければ、ダブルベーグルだ。グランドスラムの中継を聞いていると、ときどき聞こえてくる。ドーナツに似たベーグルパンの形状から来ている。東欧に住むユダヤ人のあいだから生まれたといわれるパンの一種だ。丸くドーナツ状にしたパン生地を一度茹でてから、焼きあげる。油脂を用いないので、一九八〇年代に健康志向が強いアメリカのニューヨークから広まった。もっちりした食感はチーズをはさんで食べるのが定番で、日本でも簡単に手に入る。

「お団子がベーグルとは知りませんでした。人種や文化が異なる地域でも、考えることは共通しているんですね。これぞ比較文化論であり比較文明論ですよ」

とシンちゃんは、嬉しがっている。

第四話

大江戸外食事情　食と酒の世界

隠し言葉、符丁、隠語は似ているようで、どこか微妙に違っている。

初夏から夏の終わりにかけて、よく演じられる噺が「青菜」だ。さる植木屋さんが旦那場のお屋敷で、ご主人から「植木屋さん、ご精が出ますね」と声を掛けられ、柳蔭と鯉の洗いをご馳走になる。旦那場とは職人のお得意先のことだ。「文七元結」の主人公、本所達磨横丁の左官屋長兵衛にとって吉原の大見世、佐野槌《さのづち》は旦那場ということになる。

さらに「菜はお好きか」と尋ねられ、「大好きでさぁ」と答えると、手を叩いて奥方をよび、「菜をお出しなさい」と命じた。すぐに戻ってくると「旦那様、鞍馬から牛若丸が出《い》でまして、その名（菜）を九郎判官」という。すると、「義経にしておけ」との返事。植木屋には意味が

すし屋の符丁

さっぱりわからない。主人に説明を求めると、「菜は喰らう（九郎判官）てしまいました」ので、「止しておけ（義経）」と解説してもらった。お客に失礼のないよう、家族の中だけで通じる隠し言葉で話したのだという。内輪の事情なので、相手に悟られては困るから符丁にしたのだ。まあ野球のブロックサインと考えればいい。

さあ、これを聞いた植木屋さんはすっかり感心し、自分も使ってみたくて仕方がない。長屋に帰ると大工の半公を相手に、一芝居打つ。嫌がる女房を押入れに閉じ込め、半公を部屋に招き入れた。菜はきらいという半公に無理矢理「好き」といわせる。早速女房にしゃちほこばって「菜をお出しなさい」と命じた。汗まみれで押入れから出てきた女房が、「鞍馬から牛若丸が出でまして、その名を九郎判官義経」と、肝心の「義経」まで喋ってしまった。困った植木屋さんは、「うーん、じゃあ、弁慶にしておけ」で、何が何やらわからなくなってしまう。「隠し言葉」というか「符丁」による言葉遊びだ。

◎――「ねぎま（葱鮪）の殿様」

秋になると、落語の「目黒のさんま」がもてはやされるが、同工異曲の噺に「ねぎまの殿様」がある。さんまの季節は秋だが、ねぎまは冬だ。庭一面に降り積もった雪を見ていた本郷の殿様は、向島、墨堤の桜と紅葉は見たことはあるが、雪景色はまだ見ていない。さぞ美しいに違いない。向島まで行くから馬を出せ、と御用掛の田中三太夫に命じた。

途中、上野広小路の煮売り屋（今でいう居酒屋の祖）からただよってくる、何やらかぐわしき匂いに惑わされ一軒の店に入った。床几代《しょうぎ》わりに用意された醤油樽に腰かけると、隣の客が食べているねぎまを見つけた。「あれは何だ」と店主に尋ねれば、威勢のいい早口でしゃべる店主の「ねぎま」の発音が殿様には「にゃあ」と聞こえた。「そのにゃあ、とやらを持ってこい」と命じた。

「ささ（酒）はあるか」といっても、「うちの店には笹っ葉なんかない」という。酒だといってようやくわかった。店主が、「ダリと三六《さぶろく》、どちらにいたしましょう」と聞いても、殿様には意味がさっぱりわからない。「ダリ」なんて初めて聞く言葉だ。

「三六は三十六文でダリは四十文ですから、いかほども違わないのですが、西からの下り酒、灘の生一本というやつで、まことによろしい酒です」と説明され、「ではダリを持て」と命じた。「にゃあ」と二合のダリを堪能し、すっかりご満悦の様子。酔いも回り、向島の雪見は面倒になったらしく、予定を変更し上野広小路から屋敷に戻ってきた。

次の日の食事だ。昨日のねぎまがよほど気に入ったとみえ、「予は昨日の『にゃあ』が食べたい」と、のたまわったから、さあ大変。お膳番は三太夫から仔細を聞いて納得したが、びっくりしたのは、台所のまかない方だ。

マグロの上身をサイコロ状に細かく切ると、蒸篭《せいろ》で蒸し上げ、葱も根に近い白いところだけを五分くらいに美しく切って茹で上げた。お椀に盛って味を調えた出汁を張って恭しく差し出したが、脂が落ちているから美味しいわけがない。「昨日の『にゃあ』は三毛だったが、これは『チュー（ねずみ色）』だ」と腹を立て、機嫌が悪くなった。

またまた三太夫に知恵を借りて、鮪の血合いや中落ちも入れ、葱の青い部分も加え、普段料理人たちが食べている正調（つまり「まかない」ですな）のねぎまをお出ししたところ、殿様大喜び。「ダリを持て。三六はいかんぞ」と機嫌を取りなおした。

予は満足至極だが、座敷で食べていてはどうも美味しくない、やはり「にゃあ」は床几で食べるに限る。ここに「醤油樽を持て」というのが、さげだ。

「お婆さんの今輔」と異名のある古今亭今輔（五代目）が得意とした噺だが、今では演じる人はほとんどいない。

噺の中に出てくるダリとは何か。『広辞苑⑦』には、「近世、かごかきや馬方の隠語で、四のこと」とある。数の隠語には、単位が無い。三十六文とあって、ダリだから四十文ということがわかる。四百でも四千でも、同じダリなのだ。

他人には分らないよう、自分たちだけに通じる数字（値段の場合が多い）や言葉を言い換えたのが符丁だ。店の従業員がわかれば良いので、客に知らせる必要はないし客も知ったからといって、なんの得にもならない。この噺のダリは内符丁から通り符丁になった。

「ですから、『酒は三十六文と四十文の二通りあります』といえば誰でもわかるのに。ダリなんてわざわざ符丁を使うものだから、『犬の殿様』が困ってしまって、ワンワン、ワワンワン、ワワンワンになっちゃうんですよ」

それ来た、シンちゃんの出番だ。富山で海運業を営む家系に生まれたシンちゃんは、融通無碍な舌と強靭な胃袋を備えている。フォアグラとシャトー・ディケムの相性を賞揚する一方で大衆料理店「サイゼリヤ」の生ハムとワインに満足する庶民性を具有している。

しかしながら、「下衆野郎」の庶民と、殿様の階級差、生活文化のミスマッチがカルチャーショックとなり、本道（大衆文化）と異端（貴族趣味）の「鶍《いすか》の嘴《はし》の食い違い」が笑いを生じる基本の構造が、まだわかっていない。もっとも人には無知、恬淡と見せかけて、意外にも本質を見極める審美眼を備えているとすれば、大変な自己韜晦のつわものかもしれない。

◎――アニイとヤマ

すし屋という飲食業は、不特定なお客との対面商売だから、必然的に隠語と符丁が生まれる。お客に聞かれては困る品物の在庫状況やお客の勘定を、店の従業員に知らせなくてはならない。

シンちゃんは育ちが良いから、幼少時代にすし屋やそば屋などで食事をした経験がほとんどない。小学生のころから一人でそば屋に出入りしていた私とは違い、殿様の幼君みたいに育てられたのだろう。シンちゃんが、「すし屋でアニイというのを聞いたけど、どんな意味ですか」と聞いてきた。皿に載ったすしが回ってくるような店ではなさそうだ。

アニイとは、「兄い」で、「アンちゃん」ともいう。兄がいれば、弟もいる道理で、どちらが早くこの世に出たかといえば、もちろん兄のほうだ。つまり先に仕入れた商品のこと。ありていにいえば、古い品で賞味期限が近付いている品かもしれない。店としては、アニイのほうから先に売りたいのが人情だ。親方が、弟子に「海老はアニイを出してあげなさい」といえば、「そうか、古いほうを出せといっているのだな」と弟子が理解する。

客のほうでは「アニイというのだから、立派な海老を出してくれるに違いない」と誤解するかもしれない。これが「アニイを先に出しちまいな」といわれると、客の方は「ちょっと待てよ、どうもおかしいぞ」と警戒感が生まれる。

アニイとは大きくて良い品と勘違いした先輩がいた。海老を注文して「アニイのほうを、ください」といったから、すし屋は目をシロクロしたに違いない。今の若者なら「アニイのほうをいただいても、よろしいでしょうか」とでもいうのだろう。アニイは別にすし屋に限った言葉ではない。魚河岸や居酒屋など魚を商う店なら、ほとんど使われている。

手許の『かくし言葉の字引』の「あに（兄）」を引くと、「魚屋仲間で古い魚のことをいふ。弟より兄は年が古いから」とある。豊洲の仲卸に並んでいる商品が、すべてその日のうちに売り切れるわけではない。売れ残った品は、冷蔵倉庫にしまって、翌日また並べる。市場の仲卸の段階で、すでに兄と弟の存在があるのだ。

同じく、すし屋や居酒屋で聞く言葉に「ヤマ」がある。調理場の方から、サービスの人に、「鰹《かつお》はヤマだから……」といえば、「鰹は売れてしまってないから、もう注文を受けないでください」という意味になる。

例によって『日国』の「山」を引いてみると、ちゃんと載っていました。「売切れ、品切れ。主に飲食物についていう」とある。

一九一七（大正六）年に久保田万太郎が発表した小説『末枯《うらがれ》』は、明治から大正にかけての浅草を舞台にし、没落する老舗の旦那とそこにたむろする芸人の世界を描いた佳品だ。先輩作家の水上瀧太郎に言わせれば、「登場人物は、時代の文明に何一つ貢献せず、ただ世の中の流れと共に去っていくだけ」と身も蓋もない。親から譲られた店や深川の寮も手放した鈴むらは、訪ねてきた古い芸人の扇朝に酒を振る舞う。

〈「あの、お酒屋さんへ行つてまゐります。」

台所からおのぶが来ていつた。

「もうヤマかい。」

「ええ。」

「其奴《そいつ》は事だ。」鈴むらさんは笑つて、「扇朝、どうせもう今日は夕方まで空《あ》いている体なんだ

らう。」〉

（『末枯・続末枯・露芝』岩波文庫、一九五四年）

客の扇朝が酒屋へ行き、帰りに魚屋でなにかみつくろってくることになった。水上瀧太郎は、「浅草は東京の下町といっても、日本橋と浅草では大きな違いがある。あまり上等ではなく、どちらかといえば場末だ。浅草の人は浅草を知れば知るほど、浅草以外の世界のことを知らない」と冷たい。普通の商家の跡取りが、さりげなく「ヤマ」と口に出すのは、浅草だからこそといえるのだろう。

五街道雲助の「二番煎じ」を聞いていたら、「ヤマ」が出てきた。

江戸時代は、火事がなによりも恐れられた。凍てつく冬のさなかに町内の旦那衆が交代で番小屋に集まり、夜回りに出かける噺が「二番煎じ」だ。提灯、鳴子、拍子木に金棒（錫杖《しゃくじょう》）を持って「火の用心、火の回りッ」と触れ歩く。ようやく炭火のある番小屋に戻って次の組と交替すると、瓢《ふくべ》から酒を出す者がいる。土瓶に入れて火に掛ける。酒は法度なので煎じ薬と言い逃れる魂胆だ。猪《しし》の肉に葱と味噌を持って来た剛の者もいて、盛大な宴が始まった。

宴もたけなわという時に番小屋の扉を叩く声。なにやら良い匂いを嗅ぎつけたのか、めったに来ない見回りの役人が現れた。目ざとく土瓶に気づいたので、月番が「風邪を引かないよう、薬を煎じておりましたもので……」と弁解したが、「丁度良かった、拙者も風邪気味」といって飲み始める。さらに「なにやら鍋のようなものが火に掛かっていた様子……」と鍋を出させて「寒い晩にはこれがなにより。煎じ薬もすすむ」と、お代わりを所望する。

「おい、全部飲まれた上に食われてしまうぞ。無くなったといえ」

「申し訳ございません。煎じ薬がヤマになりました」

「うむ。ヤマとあれば仕方がない。しからば、拙者いま一回りしてまいる。その間に二番を煎じておけ」

順番で交代とはいえ、寒い夜の夜回りは嫌なもの。町民たちの難儀なさまと番小屋での束の間の至福な宴に無粋な闖入者が現れる対照が面白い。

「煎じ薬はもう一滴もございません」というのが普通で、「ヤマ」を持ち出してきたところが、珍しい。町民の旦那衆と武家の小役人の間で、「ヤマ」が通じたものかどうかは、わからない。歌舞伎にもあるくらいだから、昔の落語ファンは素直に理解したのだろう。


ヤマの語源は「山」から出たのだろうが、「山」は各方面の隠語に用いられている。数を表す場合も、荒物屋、畳屋、履物屋では、二を示す。Vの字を逆さにすれば、二画で山の形になる。芸人、理容業、茶商、賭博などでは「三」。三角形の△を山に見立てた。材木商、大工の世界では「八」となる。八の筆形を山と見たのだろう。

他にも警察関係で、事件をヤマということがある。「今度のヤマ（事件）は、半グレ集団がからんでいそうだ」などと使う。犯罪者の間では、刑務所を指す場合もある。

では、なぜすし屋や料理店でヤマが売り切れを意味するのか。スシの種は「多くが魚で海のもので、山の物はないから」、と説く人もいるが、いま一つ説得力に欠ける。山の頂上を超えると、下る一方で、もう何もないから、という説が有力だ。

「売り切れ」とか「なくなりました」は、縁起があまり良くない。忌み言葉だ。反対に「山のようにある」とか、「山積みですよ」といえばいかにも景気良く聞こえるから、一種の逆説から生まれたのかもしれない。


山口瞳が『江分利満氏の優雅な生活』で第四十八回直木賞を受賞したのは、一九六三（昭和三八）年一月のことだった。その年の十二月には受賞作の続篇、『江分利満氏の華麗な生活』（文藝春秋）が刊行された。ちょうど私が編集者稼業を始めた頃で、まだ銀座にあった文藝春秋の本社で、山口瞳に会い、原稿を依頼した記憶がある。

翌年の十月には東京オリンピックが開催された。

『華麗な生活』の一節。江分利は、夜遅く銀座の高級すし屋に入る。まだ早い時間に一度来て、バーを回って戻ってきたのだ。かなり酒が入っている。

〈「ワラサの弟、オツマミで……それとお銚子」

「へえ、イナダ一丁、弥助でなく。お酒、ヨロズ！」〉

この場合の「弟」は、出世魚のブリの成長段階を洒落たもので、仕入れの新旧をいっているわけではない。イナダはブリの幼名で、関東ではワカシより大きく、ワラサより小さいものを指す。地方によって異なるが、関西ではイナダはあまり用いられずに、イナダよりやや大きめのサイズをハマチと呼び、メジロ（関東のワラサ）よりは小さい。「弥助」は、すしのこと。浄瑠璃「義経千本桜」の鮨屋の名に基づく、と『広辞苑⑦』にある。「握りではなく、お刺身でお召し上がりますよ」という意味だ。ヨロズは数の符丁で「一」を指す。

だいぶきこしめした江分利は、この後「このコナワサビ、ほんとによくできているなあ」という嫌味を言って、すし屋と喧嘩になる。先の東京オリンピックの時代には銀座のすし屋といえども、まだ粉ワサビを用いる店が少なからずあったということだ。

「アニイ」と「ヤマ」の意味がいたく気に入ったシンちゃんは、診察室から受付けの看護師に「アニイの人から入ってもらいなさい」などといっているらしい。最初は「センセイ、いったいどうしたんですか」と看護師から相手にされなかったが、最近では、向こうから「センセイ、オレキシン系の入眠剤がそろそろヤマですよ」と返してくる。

◎――もてはやされる鮪のトロ

最近は、すし屋に限らずトロが大流行だ。鮪《まぐろ》だけでなく、「トロ鰹」、「豚《とん》トロ」といった新種も目にする。「トロサンマ」や「トロサーモン」という品書きを見たこともある。「トロの脂身の少ないところをください」とか、「へーえっ、トロって鮪なんだ」というなにがなんだかわからないことをいう人もいるらしい。愛媛県を主産地とするミカンの新種「せとか」は、「柑橘類の大トロ」をキャッチフレーズにしている。さわやかな果実に脂肪の多い魚類を持ってきたところが、ミスマッチの妙なのだろう。

『日国』によれば、「鮪《まぐろ》などの肉の脂肪の多い部分。脂肪が非常に多い部分を『大とろ』、それより少ない部分を『中とろ』と呼ぶ」とある。となれば鮪に限らず、豚であっても間違いではないのかもしれない。不思議なことに、「大トロ」や「中トロ」とはいうが、「小トロ」というのは聞いたことがない。

『広辞苑④』で「とろ」を引くと、次のようにある。

〈(「とろり」とする舌ざわりからか) マグロの腹側の脂肪に富んだ部分。大とろ・中とろに分ける。近時、刺身・すし種として賞味。〉

『広辞苑⑦』もほぼ同じだが、「大とろ・中とろに分け、大とろの方がより脂肪分に富む」と説明が細かくなった。だけど中トロの方が脂肪分が多いと思う人はいるのかなあ。辞書というのは、かゆいところまで手を届かせなければいけないのはよくわかるけれども。

小説の中から探ってみると、食べ物をテーマにしたユニークな小説を発表した矢田津世子は

一九三六（昭和一一）年の『神楽坂』（講談社）で、「毘沙門前の屋台鮨でとろ
んで、それで結構散財した気もちになって」と描写している。
手許の『かくし言葉の字引』をみると、花柳界の用語で、「まぐろずしのあぶらの多いのを
いふ」と記載されている。昭和の初めには、トロが広く認知されていることがわかる。しかし、
あくまでも「隠し言葉」の範疇だった。
魚河岸の鮪仲卸店「大善」の主、寶井《たからい》善次郎は『鮪屋繁盛記』（主婦の友社、一九九一年）の
なかで、「トロと名づけたのは、俗称をつけることに関しては天才的な魚河岸っ子達がそもそ
もの名づけ親だろう」と書いている。寶井家の祖先は、江戸時代蕉門十哲の一人、寶井其角に
たどりつく。純粋直系の江戸っ子だ。思いこんだら、一本道といったところがある。同書では
こう続ける。
〈『魚河岸百年』の中に、明治四十年の冷蔵庫の保管料として、トロ、中トロという言葉がす
でにはっきりと記録されている。〉
どうも納得がいかない。折よく『魚河岸百年』（日刊食料新聞社）は手許にあったので、調べ
ました。「魚河岸百年編纂委員会」が一九六八（昭和四三）年に発売した貴重な史料だ。
〈保管料は、鮮魚介類一日五百貫未満、一貫について二銭、同五百貫以上、一貫について一銭
八厘が標準であった。大体容器で大樽三十五銭～四十銭、トロ箱三十銭、中トロ・石油箱十五
銭ときめられていた。〉

トロの保管料というのは、おかしいと思った通り、トロはトロでもトロ箱のことだった。最近では発泡スチロール製で、白色が多い。富山県氷見の鰤《ぶり》など、ブランド化された高級魚は、一目見ただけで識別できるように薄い青色のトロ箱に納められている。発泡スチロールなんて便利な物ができる前までは、魚介はすべて樽か木製の箱に入れて運搬した。重量はかさむし、発泡スチロールのように、氷詰は難しい。

それでは、トロ箱のトロとは、どこから来たのか。船尾に袋状になった漁網を引いて魚をすくい取る大型のトロール船に積まれた木製のトロール箱が詰まってトロ箱になった。昔は近所の魚屋にも、木製のトロ箱で魚が届けられていたものだ。

今輔の「ねぎま（葱鮪）の殿様」のねぎまは、庶民の日常のお惣菜だ。葱と鮪を甘辛く煮るからねぎまだ。

元貴族院議員で理化学研究所の所長を務めた大河内正敏の『味覚』（中公文庫）が、二〇一八（平成三〇）年の九月に改版刊行された。

〈トロでなくても葱鮪は出来るが、真の旨味は、生で食べるとしゃきしゃきするような大トロを、四角骰子《さいころ》の目に切って、葱と煮ながら食べるのが旨い。（略）

余り深くない唐金の一人前の鍋に、魚を下に敷いてその上に真白な太い葱をのせ、またその上に鰹節の掻《か》いたばかりのを積み上げて来る。〉

大河内は、終戦後戦犯として巣鴨の独房にいた頃、往時の食べ物を追憶して、このような文章を書いた。池波正太郎が小説に好んで書く「小鍋立て」のスタイルだ。日本料理の世界では、「小鍋仕立て」と呼ぶ。この種の料理は独りで食べるからいいのだ。

一九二三（大正一二）年生まれの池波正太郎の「東京の鮨」というエッセイには、こう書かれている。

〈私が少年のころ、マグロは赤身を第一とし、中トロがようやく客の好みを得たばかりで、脂ぎった大トロなどは鮨屋で出さなかった。大トロは安くて、私どもの家では寒くなると、これを買って来てよく〔ネギマ鍋〕をしたものである。私は子供のくせに〔ネギマ〕が大好きだったので、魚屋へ買いに行くと、

「坊や。金はいらねえよ」

と、いわれたことを、いまだにおぼえている。〉

（『一年の風景』朝日新聞出版社、二〇〇七年）

トロといっても、頭の脳天やかまの脇には、脂ののった崩れた身が残る。そういう骨に付いた身もせせり取って煮たのだ。昔は値がつかず、ただ同然だったところを、今は「希少部位」などと称して、珍重する店もあるが、正統派の仕事ではない。特有の「くせ」を「売り」とするのだろう。自分たちが口にする「まかないの食事」を客に出す店も店だが、何もわからずに

有難がる客も客だ。

近ごろはトロを焙るのが流行っているらしい。脂身を焙るから美味しいので、赤身の握りしを焙ったからといって、美味しいわけではない。ねぎまも同様で、脂の多いトロではなく、赤身で仕立ててみても、そんなに食指が動かない。まだトロが珍重されずに安価な時代だったから生まれたのだ。池波正太郎は、ねぎま鍋を好んだと書いているが、私はどちらかというと苦手だった。

鮪と葱だけを醤油と砂糖で甘辛く煮ただけだから、今でも子供はあまり好まないと思われる。最近はねぎま鍋というが、私の家では、ねぎまと称して、ねぎま鍋とは言わなかった。池波が〔ネギマ鍋〕と書いたせいではないだろうが、最近は豆腐や白菜、しらたきなどを入れて鍋仕立てにする店が多いようだ。必然的に汁の味付けは薄くなる。それでも魚の生臭さを感じさせないようにするのは、よほど良いまぐろを使わなくてはならない。

ねぎまと聞くと、近頃の人は焼き鳥のねぎまを思い浮かべるようだ。鶏肉と葱を交互にはさんで串に刺すから、「ねぎ間」で、「ま」は鮪の「ま」ではなく、あいだ（間）を意味する「ま」だ。シンちゃんも、「昔は、鮪の焼き鳥があったのですか」と驚いているが、そんなことはない。

◎――数の符丁は消えていく運命にある

「ねぎまの殿様」に出てくるダリ（四）といった数字の隠語は、前に紹介した寶井善次郎の『鮪屋繁盛記』にも紹介されている。それぞれの業種によって、異なっているところが面白いところだ。同じ魚の小売りにしても、海の大物と小物、川魚の店とでは違う。現在では、ほとんど使われなくなったが、すし屋、魚屋など飲食関係の店のごく一般的に共通する数の隠し語を挙げてみる。

一　ソク、ヤリ、ピン、ヨロズ
二　フリ、ブリ、リャン、ビキ
三　ゲタ、ウロコ
四　ダリ、ササキ
五　メノジ、ガレン、ゲンコ
六　ロンジ、サナダ
七　セイナン、サイナ、カギ、タヌマ
八　バンド、バンドウ、ハン

語源というか、よってきたる由来は、諸説あってはっきりとしないところもあるが、私の推測を交えて説明したい。

◆一の「ソク」は「束」で、一束《ひとたば》が基本。稲などは十把をひとまとまりにした。半紙なら十帖、すなわち二百枚を一束とした。釣りでは、百尾の意味だ。寄席などの客の数も百人が束だ。千になるときもあれば、万に使うこともある。

小魚を百尾ずつ束ねたところからではないか。『江戸語大辞典』には、「束。百の異称。隠語にあらず」とある。安永八年（一七七九）、山手馬鹿人（大田南畝）作といわれる洒落本『深川新話』から「一時《いっとき》の間《ま》に二、三束《ぞく》とるにやァ骨は折らなんだ」を引いている。深川でハゼでも釣ったのだろう。魚屋や八百屋で数の符丁として用いられる場合は、一、十、百、千を意味する。桁は、その場その場で瞬時に判断するほかない。

落語「紙入れ」に「一束五十（百五十）」が出てくる。間男に間抜けな亭主とやり手のおかみの噺だ。間男を導入するまくらに使われるのが、町内の豆腐屋のカミさんと建具屋の半公の間男騒動。「誰にも言っちゃァいけないよ」と言いながら、話は広がっていく。話したくてうずうずしている与太郎は、あろうことか当の豆腐屋へ行って喋ってしまう。豆腐屋は一束五十ものがんもどきの注文を受けたので、大わらわ。与太郎は「誰にも言っちゃいけないよ」と、当のあるじに念を押す。

「ピン」は、ポルトガル語の「ピンタ」（点）から来たといわれる。「ピンからキリまで」のピンも一の意味だ。キリの語源は、ポルトガル語のクルスが訛ったもので、十字架の意味から十を指す。要は「一から十まで」を表現したかったのだ。花札の十二月の「桐」という説もあるが、説得力に欠ける。

　山口瞳が『江分利満氏の華麗な生活』で書いた「ヨロズ」は「万」で『日国』によると、「数の一をいう。青物商仲間などの隠語。十、百、千などに通じて用いる」とある。
◆二の「フリ」も「ブリ」も、荷物を二つに分けて前後に担ぐ「振り分け」から来たのではないか。てきや、露天商、盗人仲間の隠語から出た。
　現代では、両の中国語読みの「リャン」を使う人が圧倒的に多い。大阪弁で両面テープを「りゃんめんテープ」と呼ぶ話は、桂文枝（六代目。前・三枝）の噺にあるので後述する。
◆三の「ゲタ」は下駄で、鼻緒の穴が三つあるからだ。「ウロコ」は家紋からきた。
◆四の「ダリ」はおそらく「足《たり》」で、駕籠《かご》は二人で担ぐところから、足の本数となる「四」を意味するようになったのだろう。駕籠に二人が乗り込み、走っているうちに底が抜け、四人で駕籠を担いで走る噺は「蜘蛛駕籠」だ。
◆五の「メノジ」は、「目の字」で、目の画数は五画だから。「ガレン」は半分の意味に使われることが多いが、語源はわからない。『隠語大辞典』（皓星社）には「漬物店及び青物店の通り符牒にして五という数量を表す」とある。「ゲンコ」は五本の指を握るから。
◆六の「ロンジ」は「六の字」が変化したものだろう。「サナダ」は、信州上田の真田一族の家紋、六文銭から。落語の「真田小僧」の後半部分は、最近なかなか演じられないが、こましゃくれたキン坊が父親から六文をかすめ取るところが本来のさげだ。
◆七の「セイナン」も「サイナ」も西南の意味で、十二時を北にすれば七時は西南の方向になる。「七銭」を「ななせん」と呼び、倒置させたという説も考えられる。
「カギ」は漢字の「七」を崩して書くと、どこか鍵の形に似ているでしょう。
◆八の「バンド」は坂東の意で、関八州は相模、武蔵、安房、上総、下総、常陸、上野、下野と八つの国からなっている。「ハン」は坂東の坂をハンと読んだのだろう。『広辞苑⑦』には、青物商、魚商、船乗りなどの隠語、と載っている。
◆九の「キワ」は、桁が上がる一歩手前。「ガケ」も同じ意味だ。「カブ」は、いうまでもなくオイチョカブで最も強い数。最も弱いゼロは「ブタ」という。
これらの数字には単位がない。三でも三十でも三百、三千、三万でもゲタはゲタだ。使う人たちには、単位がわかっているから差支えはない。人間の体温を測るとき、六度五分といって、三〇を省略するのと同じだ。魚や野菜のセリでも百円か万円の桁かは買い手と売り手の間では了解事項なのだ。株価や外貨の相場も同じだ。

数の隠語は、バクチと関係あるものが多い。賽子や花札が小道具だからだ。社会的に受け入れられない異端者の共通意識を共有する側面もある。

六をサナダというように、家紋から生まれた符丁も多い。二のビキは丸に二引きの紋。三のウロコは三つ鱗、北条鱗、赤垣鱗、丸に六つ鱗など種類は多い。四のササキは佐々木高綱の四ツ目紋。七のタヌマは田沼家の七曜の星、などだ。

これら符丁はお客にわからないように店内で意味を通じさせるのが目的だ。豊洲などの市場では、お客が同業だから、わかってしまう。そこで店独自の符丁を使う場合がある。九文字か十文字の言葉を、一から九までの数字に当てはめるのだ。例えば、アキナイノメデタサは、ア＝1、キ＝2、ナ＝3、イ＝4、ノ＝5、メ＝6、デ＝7、タ＝8、サ＝9となる。米屋の符丁だ。

平野威馬雄が編んだ『符牒・陰語六千語　芸者からスリまで』（近代社、一九五五年）に「各種商人間の符牒」として挙げられている中から四つほど。

アキナイタカラブネ　雑穀、乾物商
ヤスクウレヨロコブ　海産物商
サリトワオモシロイ　生魚商
エビスノワライガオ　瀬戸物商

これらは、店ごとによって定められている。金馬のいう「内符丁」だ、数の符丁は、会計事務のIT化などの影響で、今ではほとんど使われなくなった。また外国出身の従業員が増えたという事情もある。

お客が、「アガリ（お茶）」、「オアイソ（勘定）」など、業界の隠語を用いるべきでない、という意見がある。それはそれで、まっとうだ。ことさら、ダリやゲタ、セイナンなどの言葉を覚える必要はさらさらないし、使うべきではない。こちらは、興味があるからちょっと調べてみただけのことだ。

夏目漱石は、新宿の早稲田南町（現漱石山房記念館）が終の棲家となった。最後の随筆と言われる『硝子戸の中』を朝日新聞に連載したのは、一九一五（大正四）年のことだ。生家は馬場下（現新宿区喜久井町）で、近くに青果市場があった。遠縁に当たるそこの主人を問屋の仙太郎さんと呼んでいた。仙太郎さんが、矢立と帳面を持ったまま高い台の上に乗り、「いーやっちゃ若干《いくら》」と競りを仕切る光景を、金之助少年は面白く見ていた。

〈下からは又二十本も三十本もの手を一度に挙げて、みんな仙太郎さんの方を向きながら、いゝいゝだのがれんだのという符徴を、罵《のの》しるように呼び上げるうちに、薹《しょうが》や茄子《なす》や唐茄子《とうなす》の籠《かご》が、それ等の節太《ふしぶと》の手で、どしどし何処《どこか》かへ運び去られるのを見ているのも勇ましかった。〉（新潮文庫）

当時の小さな青果市場の情景が目に浮かんでくる。「ろんじ」とか「がれん」といった耳慣れない言葉が、金之助少年の心に鋭く刻み込まれたのだろう。

漱石の落語好きはよく知られている。朝日新聞に連載された『三四郎』には、有名な「小さん論」が述べられている。地方から出てきた三四郎を掻きまわす与次郎はいう。

〈小さんは天才である。あんな芸術家は滅多に出るものじゃない。何時《いつ》でも聞けると思うから安っぽい感じがして、甚だ気の毒だ。実は彼と時を同じゅうして生きている我々は大変な仕合せである。今から少し前に生れても小さんは聞けない。少し後れても同様だ。〉（新潮文庫）

多くの人が柳家小さんと聞けば、人間国宝だった五代目をイメージするだろうが、漱石が称揚してやまなかったのは三代目の小さんだ。一八五七年というから安政四年生まれ。幼いころから歌沢（端唄の一種）の稽古所に通い、常磐津を正式に習う。現在「小言幸兵衛」「千早振る」「かつぎや」などの録音を聴くことができるが、常磐津や音曲が随所に入る。

五代目の小さんは一九三六（昭和一一）年の二・二六事件では何もわからないうちに反乱軍の警視庁占拠に駆り出された二等兵だった。当時二十一歳。

現在の六代目小さんは長男。柳家花緑は孫で、六代目の甥になる。花緑はまくらで必ずと言っていいほど、自分の毛並みの良さに触れた。人間国宝を祖父に持つプレッシャーがいかに大変かといいながら、その裏には血筋の良さの自慢があった。ようやく近ごろではその「呪縛」から抜け出したように思える。

小さん一門は、現在の人間国宝、柳家小三治を初めとして、直弟子だけでも三十人近い真打を輩出した。一門全体では百人以上になる。落語協会の中核をなす本流中の本流だ。

立川流家元の立川談志も小さんの弟子だった。

「時そば」の美食談義

世の中は新型コロナウイルスが跋扈する「戦時体制」だが、相変わらずのグルメ情報が氾濫している。テレビのグルメレポーターと称する人たちの、ボキャブラリーの貧困と食べ物への敬意の無さには呆れるばかりだ。落語にはあまりいい加減な「グルメ野郎」は出てこない。まだそれほど食糧が潤沢な時代ではなかったからだ。「食べるものにありつければ、勿怪の幸い」で、味をうんぬんするような余裕が無かった時代ともいえる。


落語の中でも、最も人口に膾炙《かいしゃ》している噺といえるのは「時そば」だろう。冬の厳しい寒風を避けながら夜の路上で、暖かいしっぽくそばを食べる。しっぽくは中国料理と和食の融合といわれる卓袱《しっぽく》料理から来たといわれる。「しっぽこ」と呼ぶ地方もあるが、享保の時代に京都祇園で生まれ、やがて江戸に伝えられた。竹輪、鶏肉、干瓢《かんぴょう》、椎茸、麩などを上にのせた汁ものだ。おかめの原型と考えられる。

自分から「俺はそばっ喰いだからよー」という調子のよい男が、夜鳴きそば屋を相手にぺらぺらと「講釈」をまくし立てる。

「近頃の景気はどうだい？」から始まって、「商売は商い（飽きない）っていうくらいだから、飽きずにやることだぜ」と励ます。

「ここの行燈が面白いね。的に矢が当たって、『当たり屋』か。縁起がいいね」

「おッ！　箸は割り箸を使ってるのがいいや。割ってある箸は誰が使ったか、わかんねえやね」

「きれいな丼だね。これで揃えてるなんぞ、大したもんだ。欠けてたり、ヒビが入っているってのが良くあるのよ。物は器で食わせるっていうからね」

早速、汁を一口飲む。

「カツ節おごったね。いい出汁でてるよ」

「細いね。そばは細くなくっちゃ、いけねえ。うどんじゃねえんだから」

そばを手繰り始めると、次から次へとおべんちゃらが飛び出す。

「腰が強いね。軟らかいのは腹に溜まっていけねえ。飯の代わりに食うんじゃねえから」

「竹輪が厚く切ってあるね。これでやっていけるのかい？　恐れ入りました。近ごろじゃ、麩を使うやつもいるよ。何から何まで本寸法だね。気に入ったよ」

お世辞を連発しながら、勘定の十六文を払う段になると細かい銭を数えながら、「今なんどきでえ？」と時刻を聞いて、一文ごまかして行ってしまう。これをすぐ脇で聞いていたのが、世の中をついでに生きているような与太郎に近い男。うまくやりやがったねえ、と感心して、さっそく真似をしようと翌日小銭を用意し、陽が暮れるやすぐに出かけた。

ところがこちらのそば屋の様子は、すべてが食い違っている。待たされた挙句に、箸は割ってあるし、汁はしょっぱく、丼のふちは万遍なく欠けているので、どこから食べていいのかわからない。鋸《のこぎり》と間違えるほど。

「丼を食うわけじゃないから」

そばは太くべとべとで、「そばのおじや」みたい。俺は胃が弱いから、ちょうどいいと慰めるほかない。竹輪がなかなか見つからない。ようく探してみると鉋《かんな》で削ったような薄い竹輪が丼の模様と見間違えるように内側へへっぴりついていた。

「これ包丁で切ったの？　いい腕だね。月が向こうに透けて見えるぜ」

何せ勇んで出かけたのが早すぎた。いざ用意した小銭を払う段になって、「なんどきでえ？」と聞くタイミングと時刻が合わず、もくろみ通りに行かないさげはご存知の通りだ。

そばの太さは人の好きずきともいえるが、出汁の鰹節の量にまで言及しているところをみると、昨夜の客はただ者ではない。落語の登場人物には珍しく食に通じている御仁だ。

「誇張という表現方法があるのは、私でも知っていますよ。それにしても誇張したからといって、鋸みたいな丼があるわけないでしょう」

シンちゃんは、いささか不満顔だ。私はときどき、シンちゃんに「今、なんどきだい?」と尋ねることがある。なにか企んでいるな、と警戒の眼差しでこちらの顔をちらと見てから、考えて「う、うう…」と、一呼吸おいて答えてくれる。

◎――雨風食堂と「そばの羽織」

織田作之助の小説『夫婦善哉』(岩波文庫、一九四〇年)が、上司《かみつかさ》小剣の小説『鱧《はも》の皮』(一九一四年)から影響を受けていることは、よく知られている。二作とも上方《かみがた》の風土から生まれた「旨いもん」を小道具にして、大正から昭和初期の男と女の光景と情話が読者の心を捕える。上方特有の言葉が巧みに用いられ、大阪の風土と人情を浮き立たせる技は、東京の作家の及ぶところではない。

豊田四郎監督の映画、「夫婦善哉」(一九五五年。主演=森繁久弥、淡島千景)は、戦後のまだ娯楽が少なかった時代のヒット作だった。六三年に公開された「新・夫婦善哉」(監督、主演などはほぼ同じ)は、評判の良かった前作の「二匹目の泥鰌《どじょう》」ともいわれたが、小剣の『鱧の皮』も原作に加えている。

上司は奈良市生まれ。父親が神主をしていた兵庫県多田村(現・川西市)で育つ。生母とは幼少時に死別した。父が「後妻含み」として迎えた若い女中と再婚する情景を描いた『父の婚礼』（一九一五年）は、生母への追慕と父への愛憎が交差した小品だ。父親は、再婚話をまとめた平七の家で、金米糖（金平糖）を前にして玉露を嗜んでいる。

〈「あんたは、雨風やなア、孰方《どっち》もいけるんやさかいえらい。……わたへは其の甘いもんは、見ただけで胸がむかつきますわい。」〉

平七は、そう言いながら酒席の準備を始める。

広島出身の阿川弘之は二〇一五（平成二七）年に亡くなったが、生前に刊行した最後の一冊『食味風々録』の「甘味談義」の項を読むと、次のように記されている。

〈私は若い頃、大阪者の母親から、此の文例（筆者注＝『父の婚礼』）そっくりの口調で、よく、「あんた、雨風嵐やなあ。少し控えなはれ」とたしなめられた。「嵐」一文字多いのは、普通の「雨風」よりひどいと、老母が思っていたのであろう。〉

（新潮社、二〇〇一年より引用）

阿川の師、志賀直哉は酒をほとんど飲まず、米の飯は鮨以外、あまり関心がなかった。弟子の方は食事となれば、カクテルとビールに始まって、料理に合わせた酒を飲んでから、必ずご飯を食べる。そしてすぐに「何か甘い物くれ」となる。

「雨風」は「江戸時代、天保頃から使われたことば」と『日国』にあり、牧村史陽編の『大阪ことば事典』を引くと、次のように説明されている。

〈甘い物もアルコール類も好きな両刀使いをいう。さらに強めてアメカゼアラシとも。子供の菓子も酒類も売っている店を雨風食堂〉
（講談社学術文庫、一九八四年）

阿川弘之の母堂が、息子のため特別に「嵐」を加えたのかと思ったが、その用法は昔からあったようだ。

「盗人上戸」なる言葉が『広辞苑⑦』にあった。酒もよく飲み甘い菓子も好んで食べる者、とあるから雨風と同じだ。もう一つ、いくら飲んでも、酔いが顔に出ない人をも指す。

上方落語の「蛇含草《じやがんそう》」にも「雨風」は出てくる。

大蛇が人を飲み込んで、苦しんでいる時に蛇含草（別名を「うわばみ草」とも）を口に入れると、すぐにすっきりして元気になるという話が紹介される。人を飲み込むような大蛇は日本に存在しないが、そこは落語だ。夏の暑いさなか、旦那の家に甚平姿で来た若い衆《し》、下は褌一本だけで透けて見える。干してある蛇含草に目を付けて、少し分けてもらったはいいが、入れるところが無いので、甚平の紐にくくりつけた。

旦那は、到来物の餅を焼き始めるが、甚平先生は大の餅好きで餅食い競争にも出たことがある、と自慢する。酒も飲むし餅も好きとは雨風やな、という旦那に、どっちが雨ですかと聞くと、酒は米の水というから酒が雨やろ、という答え。火鉢の上で膨らんだ餅を箸で突くと、プスウッと空気が抜けた。「やはり、餅が風でんな」というや、甚平先生は旦那が勧めるより先に口に入れてしまった。

むくれた旦那が、「無礼なやっちゃな。ほなら、ここにある餅、全部食ってみい」というと「食わいでか…」と甚平先生、次から次へと食べ始める。天井めがけてほうり上げ、おでこでいったん受けてから口に入れる「箕面の滝食い」。二つ一緒に口で受ける「お染久松比翼の餅食い」など、「曲食い」の面相をリアルに演じるのは桂枝雀（二代目）の得意芸だった。当初は順調な滑り出しだったが、最後の二つがどうしても食べられない。詫びを入れて、ほうほうの態で家に帰り、「そや、蛇含草がある」と、甚平に結んだ草を口に含んで部屋に引きこもってしまった。心配になって後を追ってきた旦那が、部屋の襖を開けるとたくさんの餅が甚平を着て坐っていた。

「なるほど。蛇含草には人間だけを溶かす効能があるから、餅だけが残ったわけですね」

シンちゃんは、ようやく噺のさげがわかったようだ。

蛇含草は『広辞苑』には載っていないが、『日国』には「オヘビイチゴ」とあり、蛇眼草として「イワガネソウ」の記載がある。常識的には、「ヘビイチゴ」の仲間と考えられる。イチゴに似た赤い実をつけるが、「オヘビイチゴ」は実をつけない。食べても美味しくないところから、蛇しか食べないというのが語源だろう。「うわばみ草」は『広辞苑⑦』に載っている。イラクサ科の多年草で、若い茎葉は美味とある。なんのことはない。山菜として珍重される「ミズ」のことだ。「ミズ」なら、私も食べたことがあるが、まだ体は溶けてはいない。

上方の「蛇含草」と同工異曲の江戸落語が「そば清」（「そばの羽織」）だ。旅商人の清兵衛さんは、大のそば好き。十枚、二十枚と食べて、掛け金をせしめていた。半分は生業《すぎわい》で、今でいう大食いタレントみたいな人だろう。信州の山中で、蛇が人を飲み込んだ後、傍らの赤い葉の草を食べたら、腹がたちまち小さくなったのを目撃した。よし、この草を用いれば、そばは何枚でも食べられるはず、と清兵衛さんは江戸に持ち帰り、そばを一束（百枚）食べる大勝負に出る。

演者によって、枚数は微妙に異なる。五十枚を食べ終えたところで「一息入れたい」と別室に下がって、蛇含草をなめる。いつまで待っても清兵衛さんが出てこないので「さては逃げたのか」と障子を開けるとそばが羽織を着て坐っていた。

三代目の桂三木助や古今亭志ん生、先代の金原亭馬生などが得意とした。上方の餅と江戸のそば、甚平と羽織の対照が可笑しく、大食漢が野草の効能におぼれるシュールな噺だ。

「そうはいいますけど、餅やそばだけを残して人間だけを消化するような薬品は考えられませんよ」

シンちゃんは医師の見地から、いかにも腑に落ちない、という顔をしている。やはり、この人に落語の可笑しさを説明するのは至難な技だ。シンちゃんの最も苦手とする分野かもしれない。自認しているから、いいのだけれども。

そばの大食いは別に珍しい話ではなく、江戸も化政時代になると、大食いや大酒飲みの催しがあった。現在でも、岩手のわんこそばのように食べた数を競う地方もある。一日二食が普通だった江戸時代には、そばでお腹を一杯にするようなことはなかった。小腹を軽く満たす「おやつ」の感覚だったのだろう。

ところで、そば屋の中には、「大盛り」を出さない店がある。量が多いと、食べているうちにそばが伸びる「経時劣化」を嫌うのだ。一枚で足らない客には「お代わりそば」を用意し、一枚目を食べ終わったころに持ってきてくれる。量は店によって異なるが、だいたい定量の半分か三分の一程度で、大盛り分と同じという店もある。なぜ、このような面倒なシステムが生まれたのか。そばは調理時間がかなり短い一種の「瞬間芸」みたいなものだ。つなぎの少ないそばなら、茹で時間は一分にも満たない秒単位だ。時間が経てばすぐに伸びる。このごろ酒を飲みながら、そばを手繰っている人が増えたが、あれでは、途中でそばが伸びてしまう。そばが伸びきらないうちに、ぜひ食べ終わってもらいたいというそば屋の願いが量に込められているのだ。

うどんはそばに比べれば、まだ伸び難いというか、劣化がゆっくりしている。だから鍋焼きうどんとかあんかけなど食べるのに時間がかかる種物はうどんが多い。それでも、うどん県と称する香川県の讃岐うどん信奉者は、茹で上がりから時間が経つと、「死体」といって、相手にしない。

そば屋には、帳場から釜場に注文を通す独特の「通し言葉」（符丁）がある。そば屋に一人で入るようになってから七十年になるが、昔は多くの店で通し言葉を使っていた。

例えば、「天つき三杯のかけ」（天ぷらそばが一杯、かけが二杯）とか、「天まじり五杯のかけ」（天ぷらそばが二杯、かけが三杯）といった具合だ。

つまり、「つき」は一で、「まじり」は二を意味する。数字の杯は総数だ。小さい頃、この言葉が面白くて、覚えるためにそば屋へ通ったようなものだ。

そのうち、「天ぷら勝ち七杯のかけ」（天ぷらが四杯、かけが三杯）あたりから、わからなくなった。

出来立てのそばを短時間に食べきる、という考え方は、イタリアのパスタの中でも、麺に近いスパゲッテイに共通している。パスタは前菜とメイン料理の中間に位置するプリモピアット（第一の皿の意）だから、もともと量は多くはない。プリモピアットの前にオードブル（前菜）がある。まだ後ろには魚か肉のメイン料理であるセコンドピアット（第二の皿）が控えている。

量が多いと、主菜が食べられなくなるし、冷めるとパスタも伸びてしまう。イタリア料理のレシピ本を開くと、ほとんどは一人前八十グラム（乾麺）と記されている。

「伸びるのを嫌って、短時間に食べ終える文化は、マルコ・ポーロが日本のそばを見て、イタリアに持ち帰ったのかもしれませんね」

シンちゃんは、うれしそうに鼻を小さく動かしている。いかにも「大発見」といいたいらしい。惜しい、残念でした。マルコ・ポーロが、パスタを中国から持ち帰ったという説は、イタリアにも古くからある。しかしながらパスタの発祥はマルコ・ポーロ以前、紀元前にまでさかのぼる。

現在私たちが食べている細いそばが普及したのは江戸中期で、以前は「そばがき」みたいなものを、蒸篭《せいろ》で蒸していた。今でも店によって、もりそばを「せいろ」と呼ぶのは、江戸時代の名残なのだ。

落語の「蛇含草」と「そば清」から、日本とイタリアの「比較麺類学」まで飛躍してしまった。となればラーメンについて触れなくてはなるまい。今やラーメンは、すしと並んで、和食の代表格だ。日本が発祥のインスタントラーメンは、世界を席捲しつつある。

「ラーメン屋」という噺がある。有崎勉が古今亭今輔のために書いた新作の人情噺だ。今輔は「ねぎまの殿様」でも紹介したように、「お婆さんの今輔」といわれ、新作落語の普及に貢献した。「古典落語も、できた時には新作」というのが持論だった。

有崎勉といっても、わからない人が多い時代になってしまった。柳家金語楼のペンネームで、息子がロカビリーの山下敬二郎、といっても余計にわからないか。ロカビリーも今や「懐メロ」の世界だ。金語楼は落語家から喜劇俳優として活躍し、NHKテレビの草創期の人気番組「ジェスチャー」で水の江瀧子と組んで一世を風靡した。

子どものいない老夫婦が屋台のラーメン屋を営んでいる。そろそろ店を締めようかと日付が変わった頃、一人の若者が入って来て、立て続けに二杯を食べ終えた。年恰好から考えると、夫婦にこのくらいの息子がいても、不思議ではない。訊けば、昼から何も食べていないという。ならばと、三杯目を勧めると、それも食べてしまった。

食べ終わると、金を持ってないから近くの交番に無銭飲食で突き出してほしいという。主人はまず店じまいをするから、家まで屋台を引くので力を貸してくれ、それから交番に行こうともちかけた。家に上げ、酒を飲んで若者の身の上を聞くと、物心ついた時にはすでに両親はいなかった。

主人はさっきのラーメン代は屋台を引いた労賃で帳消しにするといって、百円出すから、一声「お父っつぁん」と呼んでくれと頼む。それを聞いたお婆さんも、「おっ母あぁ」と呼んでくれれば、「なんだい」と返事をするので、二百円出すという。一種の「家族ごっこ」が始まる。「疑似家族」といってもいい。そのうち「もう金は要らないから、俺のことを、『せがれっ！』て呼んでほしいんだ」と若者が涙ながらにいう。

今輔はこの噺を大変大切にし、自分がトリを務める時以外は掛けなかった。五街道雲助は、ラーメン屋を江戸時代のそば屋に置き換えて、「夜鷹そば屋」という噺にリメークした。一度ホール落語で聴いたことがある。有崎勉の原作だったとは、後になって知った。

「落語は奥が深いですね。『疑似家族』の情景は、どこか柳美里の小説の世界に通じるところがありますね」

シンちゃんが指をくねらしながら、興奮気味に話しだした。自分独りで合点すると、間違いなく友人たちに吹聴するだろう。

博多ラーメンの特徴に「替え玉」というシステムがある。博多ラーメンは麺が細く茹で時間が短いので、食べ終わるころに麺だけを追加できる。店によっては麺の茹で時間（硬さ）を指定できる。「硬め」「バリカタ」「ハリガネ」「粉落とし」「湯気通し」など十秒から二、三秒という短さだ。

私は第二話で述べた藍染めの「かめのぞき」を思い出した。藍の瓶にさっと漬けただけで引き上げる工程は、何となく「湯気通し」という技巧のセンスに似ていませんか。「バリカタ」の「バリ」は博多の若者が使う強調の接頭語で、「とても」とか「すごく」の意味だ。「バリバリ」を省略したのか。「バリ、うまかぁー」などと使う。北九州地方の強調語には、「力いっぱい」から生まれた「ちかっぱい」。さらに縮めて最近の若者は「ちかっぱ」を好むらしい。「ちかっぱ好《す》いとうよ……（とても好きだよ）」などと使う。

博多ラーメンの麺がいくら細いからといって、五十メートルから百メートルの短距離競走ではあるまいし、秒単位の「粉落とし」や「湯気通し」の茹で時間の世界に遊んで健康を害しても、責任を取ってくれる人は誰もいない。

シンちゃんは医師の立場から、こういう行為こそが自己責任の極みだという。ごもっとも、ごもっとも。

鰻屋の二階はハレの舞台だった

江戸時代の代表的な「外食」といえば、そばに、すし、鰻、天ぷらの四つだが、落語に登場するのは、そばと鰻が圧倒的に多い。世界遺産の登録騒ぎもあり和食のなかでも、すしは世界的に知れ渡ったが、今やラーメン、タコヤキ、お好み焼きがヨーロッパでも人気らしい。BENTO（弁当）もかなり広まっている。彼の地で「エホウマキ（恵方巻き）」を食べた人もいるそうだ。いったい誰が作ったのだろう。

三遊亭円朝作の怪談話「真景累ケ淵《しんけいかさねがふち》」の「豊志賀の死」にすし屋が登場する。富本節の師匠、豊志賀と同棲している新吉が豊志賀の弟子、若いお久を連れて、すし屋に入るのだが、二階に部屋があり、内側から鍵が掛けられるという設《しつら》えは、いささか疑問だ。

天ぷらも少なく、明治時代に上方で作られた「阿弥陀池《あみだいけ》」が昭和初期に「新聞記事」として東京で改変された噺に天ぷら屋の竹さんが出てくるくらい。


一攫千金に掛ける庶民の夢は昔も今も変わらない。富くじは今でいう宝くじだ。貧乏人が富に当たる噺が「宿屋の富」。湯島天神の境内で抽選を待つ若い衆は、万が一にも当たったら、「吉原《なか》のなじみの妓《おんな》を身請けして所帯を持つねェ。夜のお膳にはお銚子が待っている……」という夢物語を周りの者に語っている。女性よりも男性のほうが圧倒的に多い「男社会」だから、所帯を持つのは、大変な夢だった。

〈お膳見たって違いますよ、まずお膳の上をヒョイと見るってえとね、お銚子が一本載ってますよ。ね、刺身があって天ぷらがあって鰻があって、こう、お椀がある。〉

（『志ん朝の落語5』ちくま文庫、二〇〇四年）

当時、鰻や天ぷらがいかにご馳走だったがわかる。料理の名前だけだが、「味噌蔵」にも、天ぷら、鰻が出てくる。

御家人が、武士の商法で鰻屋を開くのが、「素人鰻」。おちの「どこへ行くかって、前へ廻って鰻に聞いてくれ」は、誰でも一回は聞いたことがある噺だろう。

幇間《たいこ》の一八が鰻を奢《おご》らせようと策略を巡らせるが、逆に鰻の代金を払う羽目になり、自分の下駄まで履いて逃げられるという、実に哀しい噺が「鰻の幇間」だ。茶屋に上がる芸人だから、履物には金を掛けている。だいたい幇間は、調子が良く饒舌で、根暗な幇間はまず出てこない。名前はなぜか一八が多い。

哀れな一八は「腹が北山」なので、なにか食べたいが、自分の金（手銭）で食べるのは、幇間の沽券に関わるという了見の持ち主。立派な「幇間魂」が溢れている。「腹が北山」と言うのは、「腹が空いて来た」の「来た」と北を洒落た関西地方の言葉遊びだ。「腹が北山時雨」「腹が北山の金閣寺」「腹も北山さくら」などのバリエーションがある。

一八が目を付けたのは、名前が出てこないが以前どこかで見たことがある男。声を掛けて、首尾よく鰻屋の二階の座敷にまで上がったのはいいが、おむつが干してある。件の男は勘定を払わない上に、蒲焼きを土産の折にして逃げてしまった。一八は頭に血が上って仲居に八つ当たり。まず床の間の掛軸の二宮金次郎が薪を背負って本を読んでいる絵が気に入らない。

〈鰻屋の二階と言うものはね、ご婦人と二人連れで来て、盃をやり取りして手でも握ろうと言うときに、二宮金次郎の絵を見ると、手が引っ込んじゃうでしょう。〉

一八が怒ること、怒ること。二つの盃が揃っていないとか、徳利は無地が常道なのに、狐がじゃんけんしている絵柄が良くない。その上に注ぎ口が欠けている、など次から次へと憤りが込み上げてくる。

〈お前さんのところの鰻はひどいね。さっきは客の前だから舌の上へ載っけてとろっ…冗談言っちゃいけねェ、三年載っけといたってとろっときませんよ。〉

鰻が硬いから始まって、新香にまで文句をつける。「奈良漬が薄く切ってあるから、大根にもたれかからないと倒れちゃうでしょう」と、一八の鬱憤と怒りは、とどまるところをしらない。桂文楽（八代目）は、新香の中の紅ショウガに鉾先を向ける。もちろん当代も踏襲している。

「紅ショウガの色は、何で染めるか知っていますか。梅酢でしょう。鰻と梅ぼしはテ、キ、ヤ、クですよ」

このてきやくを耳から聞いて、すぐに漢字が浮かんでこない。辞書で「てきやく」を引くと、「適薬」「適訳」「摘訳」「適役」に「敵役」などがあるが、ここは「敵薬」だろう。『大辞林』には「①食べ合わせると毒になる食べ物。食い合わせ。②処方によっては毒になる薬」とあり、『広辞苑⑦』には「①配合のぐあいによって毒となる薬。②食い合わせて毒になるもの。食合せ」とある。『日国』では、「②食い合わせて毒となるもの」と記されている。

昔から、鰻と梅干は食い合わせと言って、一緒には食べることを禁じてきた。油の強いものと酸の強いものを一緒に食べない方がいいと思われたからだろう。天ぷらと西瓜、そばとタニシ、蟹と柿などもよく指摘される「食べ合わせ」だが、その多くは民間信仰か迷信の類で合理的な根拠は薄い。

桃月庵白酒の「鰻の幇間」は、数年前まで中華料理屋だったところが、鰻屋に転向したという設定だ。だからお新香に「搾菜《ザーサイ》」が出てくる。鰻とザーサイのミスマッチで笑わすのが、白酒の白酒たる面目だろう。

確かに鰻屋の二階というのは、手軽な個室だった。だいたい古い鰻屋は皆、座敷で食べたもので、椅子とテーブルはなかった。現在でも東京南千住の「尾花」や埼玉県南浦和太田窪の「小島屋」に往時の雰囲気がみてとれる。大広間の入れ込みが主流だった。

鰻屋の二階といえば、思い出す落語は「子別れ」だ。腕のいい大工の熊五郎は、弔いの帰りに吉原に寄ったまま三日ほど帰ってこない。女房は息子の亀吉を連れて家を出て行った。熊五郎は吉原の女と一緒に暮らし始めたが、間もなく女はいなくなった。気を入れ直して仕事にうちこみ、今では一流の大工となったものの一人暮らし。お得意の仕事で、深川の木場へ材木を検分に行く途中、ばったり亀吉と会い、昔の女房がまだ独りでいることを知る。明日鰻をご馳走してやると、亀吉に小遣を与える。

持ち慣れない息子の金を見付けた女房は、誰から貰った、と金槌を振り上げる。父さんと会ったと白状して翌日鰻屋へ行くと、心配な母親が階下でうろうろ。亀吉のおかげで縒《よ》りを戻す人情噺。「やはり子は鎹《かすがい》」と言うのを聞いた亀吉が大きくうなずいた。

「鎹？　道理で金槌でぶたれるところだった」

◎――丸に柏の紋といえば……

鰻といえば鼈《すっぽん》も併せて扱う店が多い。「提灯屋」という噺には鼈が出てくる。新規開店した提灯屋が、「どんな家紋でも書きます。もし書けなかったら無料で提灯をさしあげます」というビラを町内に配った。「なにを猪口才《ちょこざい》なやつ」というわけで、暇な連中が次々に店を覗きに行く。

「大蛇を鍾馗《しょうき》様が寸胴切りにした紋を書け」

「そんな紋は見たこともないので、書けません」

「大蛇はうわばみというだろう。それを二つに切ったから『うわ』と『ばみ』で、片方が『ばみ』だ。鍾馗様は持っている剣で切ったから『剣かたばみ（酢漿）』の紋だ」

「そんな、判じ物では……」

「貰って行くぞ……」

こんな調子で、若い者が提灯を持ち帰ってくるものだから、米屋の隠居がお詫びがてらに提灯を買いにいく。

「丸に柏の紋を頼む」

柏の葉（普通は三枚）を丸く囲ったごく当たり前のどこにでもある紋だから、提灯屋が知らないはずがない。次々に判じ物のような難題を吹っかけられた提灯屋さんは、頭の中が真っ白になってしまい、どうしても簡単な紋が浮かんでこない。

「鼈と鶏《かしわ》でも書きましょうか」がさげ。

鼈はその形状から「丸」という呼び名がある。鼈鍋は丸鍋だ。中国でも、団魚とか甲魚という。鶏肉の別名は「かしわ」で、関西では日常的に用いられている。


鼈といえば河豚だが、二つとも江戸時代は高級な食べ物ではなかった。河豚が出てくる落語は、まず「らくだ」だ。長屋中の嫌われ者、らくだの馬さんは河豚を自分で調理して自宅で死ぬ。兄貴分とくず屋の久六の顛末は後から述べる。

河豚に当たって死ぬ噺は、まだある。「抱かれてるのは確かに俺だが、抱いてる俺はいったい誰だろう」というさげが有名な「粗忽長屋」も前日に河豚を食べる演出がある。

もう一つ、「河豚鍋」という噺がある。旦那の家で、幇間みたいな男と二人で河豚鍋を食べようとするが、二人とも河豚が初めてだから、怖くて箸をつけない。お互いに遠慮して、食べる勇気がなかなか出てこない。

折よくおこもさんが、「何か食べるものをめぐんでください」と来たので、食べさせて様子をみることにした。後をつけていき、器が空になっているのを確認して、食べ始める。旨い旨いと食べ終わったところに、くだんのおこもさんが現れて、「先ほどの物はすべてお召しあがりになったでしょうか」と尋ねる。

「味をしめたな。残念だが、すべて食べ終わって何も残っていない」

「そうですか。それなら私はこれからゆっくり頂戴いたします」

「毒見させようと思っていたのに、自分達が毒見役になったというわけですね。やはり、人体実験は慎むべきです」

例によってシンちゃんは、いかにも医者らしく理詰めで攻めてくる。

食べ物と酒が出てくる落語はいずれも魅力的だ。貧乏であれ金持ちであれ、食べることと飲むことは人間を幸せにする。

そういう意味で、私は「茶の湯」の噺を好きになれない。蒸した芋を灯油で固めたお菓子に、椋《むく》の皮と青きな粉で「お茶」を立てるという設定がおかしい。決して旨くもない人の嫌がる食べ物を食べさせるのは、拷問に近い。想像しただけで、食欲が減退する。食べ物を遊びの道具に用いてはいけない。天の恵みと作物に携わる人への冒涜ではあるまいか。

食べ物に関しては、あまりうるさく執着しないシンちゃんも「茶の湯」に対する私の評価には賛同してくれた。

◎——冷や酒と親の意見は後から効いてくる

知人の話だ。居酒屋で「ぬる燗」を頼んだら、若い女性店員は「出来るかどうか、店長に聞いてきます」といって奥に消えた。はて面妖な、と思ったら、どうも他国《よそ》の人らしい。そのうち「お燗に普通の酒を混ぜればいいんだ」という声が聞こえてきた。戻ってきた店員から「出来ますよ」といわれても、なんだかなあ。せめてお客に聞こえないように指示してもらいたかった、と知人はぼやいていた。

いつの頃からか居酒屋やそば屋で「お燗」を頼むと、「熱燗！　一本」と奥に通す店が一般的になった。いちいち「普通のお燗」と余計なことをいわなくてはいけないらしい。「冷酒《れいしゅ》」と指定されている銘柄を「お燗」というと、「出来ません」という店も困る。「常温」を頼んでも、「うちのお酒はすべて冷やしてあります」などという店も癪にさわる。「熱燗」というのは、「ヒレ酒」や「骨酒」など特殊な飲み方であって、普段に飲む人はあまりいないはずだ。

昔は「冷や」といえば、「常温」のことで、お燗は江戸時代中期になってからだ。清酒が一般的になってから、酒屋では樽に入った酒を枡で測って徳利に入れて販売した。そば屋や居酒屋では、お燗をしない冷や（常温）はコップで出した。いわゆる「コップ酒」で、あまり上品な飲み方ではなかった。酒屋の店頭で枡に入れた酒を立ったまま飲んだ角打ち（盛り切りから来た「もっきり」ともいう）の風習を引きずっていると考えられたのだろう。「冷酒」が全盛となるのは、吟醸酒の登場と電気冷蔵庫が普及してからだ。

落語にはいろいろな場面で、酒が重要な役割を果たす噺が多い。熊は良い酒が入ったので、やはり冷やよりお燗のほうが良い、といって留を呼び寄せ、火をおこしてお燗をさせるやら「かくや」を作らせるやらで結局自分だけで全部飲んでしまうのが「一人酒盛り」。

五升の酒を飲めるかどうかを賭ける「試し酒」は一升が入る大盃で、五回飲むわけだが、「常温」以外は考えられない。盃の回数が増えるごとにだんだん酔いが増していくわけで、その飲みっぷりの変化をいかにもっともらしく演じるかが、見どころとなる。

俗諺に「冷や酒と親の意見は後の薬」とあるように、冷や酒は口当たりがいいので、最初からすいすい飲めるが、後になって効いてくる。親の意見も時が経ってから思い当たることがある。冷やの酒は、つい飲み過ぎてしまうことを教える言葉だ。

落語「夢の酒」は、昼寝をしていた大黒屋の若旦那が夢を見る。若旦那は父親と正反対で、酒が全く飲めない。向島の軒先で雨宿りをしていると、女主人から招き入れられ酒と料理のもてなしを受ける。四畳半に床が敷かれ、女主人が長襦袢で入ってくるところで嫁に起こされた。内容を聞いた嫁がやきもちから泣き叫ぶ声を聞き、父親が仲裁に入る。

嫁から、向島まで行って、くだんの女性を探し出し、叱言《こごと》を言ってくれと頼まれた父親は、普段は試みたこともない昼寝をして息子の夢の続きを見る。

女性の家に上げられ酒を勧められるが、今日はもう火を落としてしまったのでとりあえずは冷やで我慢してほしいと言われる。「私は冷や酒で失敗したことがあるから、燗が付くまでしばらく待っている」というところで、嫁に起こされた。叱言を言ってくれましたか、と聞く嫁に向かって、いかにも残念そうに答えた。

「いやぁ、冷やでも良かった」

昼下がりの大店の父子と嫁のホームドラマだが、よくできている。酒好きの親父と下戸の息子の取り合わせが絶妙だ。夫の夢の中の出来事に、妻がやきもちを焼くという非現実的な設定が落語の落語たる所以だ。


神経科医のシンちゃんが真剣な顔をして、「息子の夢の続きを親父がみるなんて、ありえませんよ」と、おいでなさった。なにせ医者のいうことだから、だれも反論できない。フーテンの寅さんでさえ「お前がイモを食ったからといって、カミさんがオナラをするわけがないだろう」と似たようなことをおっしゃっているではありませんか。

長屋中の皆から嫌われ「らくだ」と呼ばれている馬さんは、図体が大きく酒乱のうえに乱暴者ときている。通称が「らくだの馬」だから、馬五郎か馬太郎とでもいうのだろう。むかし珍獣扱いされていた駱駝《らくだ》は身体が大きいばかりで、のろのろしてあまり役に立ちそうにない男の形容に使われた。そのらくだが河豚に当たって死んだ。大阪では卯之助となっている。この噺にも冷や酒が出てくる。

らくだの兄貴分と称する威勢のいい男が遺体を発見する。額には、匕首《あいくち》、他にも出刃庖丁に脇差、喉には竹やりの傷跡がある。志ん生によれば、「傷の見本帳」みたいな顔で、手斧《ちょうな》で削ったようだから、「手斧目《ちょうなめ》の半次」や、「脳天の熊五郎」、「弥猛《やたけ》の熊五郎」といった名前が付いている。立川談志は「丁の目の半次」としている。

たまたま通りかかったくず屋の久六を招き入れ、通夜の真似事をするといって、大家から酒と煮しめを取り寄せようと企む。気の進まない久六を脅かして、談判に行かせる。大家は「あいつは家賃を払ったことが無いので、めでたいくらいのものだ」と毒づいて断ると、らくだの遺体を背負って「かんかんのう」を踊らせる。八百屋からは、焼き場へ遺体を運ぶために漬物の大樽と梶棒を巻き上げる。

久六をこき使っているうちに大家から酒と煮しめが届く。無理矢理に酒を飲まされた久六が酩酊、豹変して立場が逆になるところが見せ場だ。落合の「火屋《ひや》」（火葬場）に二人でらくだの棺桶を運び込むが、途中で遺体を落としてしまう。来た道を引き返し、路上に酔って寝こんでいた願人坊主《がんにんぼうず》を大樽に積みこんで再び火屋に戻ってくる。願人坊主とは、「人に代わって願かけの修行・水垢離《ごり》などをした乞食僧」と『広辞苑⑦』にある。窯に入れられそうになった坊主はあっちっちいと悲鳴を上げて「ここはどこだ?」と尋ねる。「ここは日本一の火屋だ」と教えると「冷やで良いからもう一杯」。「火屋」と「冷や」の地口おちだ。

酒で失敗した幇間の久蔵の噺は「富久」だ。久蔵は大田南畝《おおたなんぽ》（蜀山人）の狂歌にある「酒飲みは奴豆腐にさも似たり　はじめ四角で末はぐずぐず」を絵に描いたような案配で、飲まなければ善い男だが、酒が入ると足腰が立たなくなるほど飲んでしまう。旦那からお出入り禁止となった久蔵が歳末の富くじを買って、寝たところに半鐘の音。火元は芝の近くと聞いて、浅草の阿部川町（三軒町とも）から芝の旦那の家まで駆けつけたお陰で勘気が解ける。幸い、無事に収まり、お祝いの酒をいただいていると、今度は阿部川町が火事だという。自分の家が燃えてしまった。富くじは神棚に納めたままで、その富が当たっていたから大騒ぎ。

冷やではどうにもこうにも気分が出ず、熱燗でなくてはならない噺が、前に隠し言葉の「ヤマ」のところで説明した「二番煎じ」だ。寒い冬の夜に「火の用心」に回る番小屋の情景だから、冷やではなんとも気分が出ない。

ここでは、「替り目」という噺を。酔っ払った男が自宅のすぐ前で俥に乗って帰ってくる。

女房に酒を出せといって、おでん屋まで買いに行かせる。その間に燗をつけようとするが、火を落としてしまったので、通り掛かった鍋焼きうどん屋に頼み込んで燗だけ付けてもらう。「うどんは嫌いだ」と言って、うどんは食べない。

帰ってきた女房が「可哀そうなことするんじゃないよ。一杯くらい取ってあげなよ」と言って、うどん屋を呼び戻す。仲間のうどん屋が、あそこで呼んでいるよ、と教えるが、「あそこはいけません。今行くとお銚子の替り目です」で、さげになる。

酒を温めて飲むのは日本酒に限らず、紹興酒やワインもあるが、いずれも冬季の寒い時期に限られている。四季を通じ温めて飲むのは、日本酒くらいのもので世界的にも珍しい飲酒文化だ。燗酒の習慣は十六世紀に清酒が登場してからといわれる。以前は濁酒（にごり酒）が主流だった。温かいワインはドイツ、オーストリア、スイスなどのクリスマスマーケットやスキー場などでよく飲まれる。「ヴァンショー」（仏）とか「グリューヴァイン」（独）などと呼ばれるが、ワインにクローブ（丁子）やシナモン（肉桂）などの香辛料に、砂糖やレモンを入れる人もいる。お屠蘇の「屠蘇散」みたいにミックスしたスパイスが市販されている。赤ワインが多いが、白ワインを好む地方もある。

シンちゃんは、「風邪を引いても、玉子酒なんてものは、あまり効果はありません」という。

そういえば、落語の「鰍沢《かじかざわ》」でも、一夜の宿を借りた江戸の商人が、玉子酒にしびれ薬を仕込まれて危うく命を落とすところだった。

シンちゃんは「酒は『命の水』になることもあれば、『諸悪の基』という言葉もあります」と妙に真面目な顔になった。まじめで小心なシンちゃんでさえも、過去にどこかで道を踏み外したことがあるのかもしれない。それが「冷や」だったか、「燗」だったかは、聞き漏らしたけれども。

◎——「寄合酒」ときすぐれ

三遊亭金馬（三代目）の「寄合酒」は、若い衆が集まって酒を飲もうという話から始まる。

「飲まないかい?」

「いったい、何を飲むんだい?」

「何って、青酸カリを飲むために相談する奴はいないだろう。左だよ、きす、酒に決まってるだろう」

金がないので、銘々に酒や肴を持ち寄ることになるのだが、そこは長屋の連中、やることなすことがちぐはぐで、泥棒やかっぱらいと変わらない手口で酒、肴を集めてくる「爆笑落語」だ。物知りで知られた金馬だけに、つい知っていることを話したくなるのだろう。

なぜ、酒が「きす」なのかというと、「好き」を倒置させたとする辞書が多い。しかし、酒は古く「き」といった。お神酒《みき》の例もある。生醤油と同じで、生酒《きしゅ》という言葉もある。かつての酒は、混じり物が多かったので、「生一本」ともいう。ウイスキーを生で飲むというのは、ストレートで飲むことだ。混じりけのない、純粋の意味だ。つまり「きしゅ」が「きす」に変化した、との説も充分に考えられるのではないか。

訪ねたことはないが、大阪の西天満に「きすぐれ」という飲み屋がある。名前がいい。高倉健が歌った「網走番外地」にこんな歌詞（伊藤一原作、タカオ・カンベ替歌）があった。

きすひけ　きすひけ　きすぐれて

「きすを引く」は、酒を飲む、酒を買うことで、「香具師・盗賊・無頼漢の隠語」と『江戸語大辞典』にある。式亭三馬の『客者評判記』（文化八年）から、「高が酒《きす》に温まりたいばかり」の用例を引いている。

黒田節ではないが、「酒は飲め、飲め……飲むならば」といった意味合いだろう。

ところで画家の風間完が亡くなってから、もう十七年が経つ。今でもよく通っていた中野のなじみの店「ふく田」へ顔を出して店主と昔の話にふけることがある。長兄は「講談雑誌」（博文館）の編集者をしながら、三木蒐一の名前で小説を書いていた。その縁で山本周五郎の挿し絵を描くようになり、山本宅に出版関係者などとしばしば出入りし、横浜の中華街でご馳走になった、と生前に聞いた。終戦直後の何もない時代で、粗末な紙に印刷さえすれば、飛ぶように売れた時代だ。三木は、酒を飲まない時は物静かな紳士だが、いったん飲み始めると一週間くらい飲み続ける悪い癖があった。

〈山本周五郎はこんなきすぐれ（山本さんがつけた兄のあだ名で酒におぼれる者の意、ちなみにすけぐれという女におぼれる者の意のあだ名を付けられた人もいた）の兄のどこが気に入ったのか、ずいぶん眼をかけてくれていた。〉

（「出あいの風景」〈きすぐれ〉朝日新聞一九九五年七月二六日夕刊）

周五郎の作品には、兄に似た酔っ払いがよく出てきた、と風間は次のように続けている。その日の稼ぎを夜遅くまで待っている妻と子どものところへ、「父さんは、みーんな飲んでしまったの」と繰り返し言いながら、貧しい職人がへべれけになって、よろよろと戸を開けて帰ってくる場面だった。

風間完は、きすぐれの兄とは違い、穏やかで飄々とした飲みっぷりだった。二人で飲んでいたある時、一瞬の静寂の後に、しみじみと語りかけてきたことがある。

「重《しげ》さん、ところでなんだね……。酒っというのは、旨いもんだねえ」

なにを、いまさらといった感じなのだが、感に堪えないような口調でぼそりとつぶやいた。この人は酒が好きなんだな、妙に得心がいった。

一九六〇（昭和三五）年から六三年まで、「文學界」に連載された高見順の『いやな感じ』（文春文庫）は、二・二六事件を中心に、テロリストや青年将校、右翼、大陸浪人などが京城、上海などを舞台に歴史の裏側で暗躍する不思議な小説だが、銘酒屋や吉原など闇社会の隠語が頻繁に出てくる。

〈「這い」（屋根から忍びこむ泥棒）みたいにオカルヅタイ（屋根伝い）に逃げて、屋根から地面におろしてあるブリキのとよをうまいこと見つけると、それを手がかりにして下に降りた。俺はキスグレ（酔いどれ）の真似をしながら、はだしで玄関へ廻って、
「おい、スケマ（はきもの）出してくんな。ひとりで、さきに帰るんだ」〉

（『高見順全集　第六巻』勁草書房、一九七二年）

他にも、「ニガキス」、「アワキス」はビール、「キスズレ」は、酔漢といった言葉が出てくる。「キスグレ」のグレは「ぐれる」で、「はぐれる」から来たものと思われるが、貝のハマグリから来たという説が主流だ。

ハマグリの貝殻は、「貝合わせ」という遊びがあるように、同じ貝でなければ対にならない。そこで、くいちがいや当てが外れた場合にハマグリを倒置させて、グリハマと呼んだ。それがいつのまにかグレハマに変化していく。そこから、「ぐれ」が生まれ、動詞化して「ぐれる」となったという説がある。

知遇を得た編集者の川野黎子（元・新潮社）が、実際に会話の中で使っているのを聞いたことがある。

「二、三回、電話をしたけれど、どうも話しがグレハマになっちゃって、それきりなの」

昭和一桁生まれで東京育ちの川野の口調は伝法なもの言いながら、下品に堕ちず粋なところがある。

相手は私より若い地方公務員の二人だったが、ふたりとも怪訝な表情を見せた。私も、まさか現役の人が普段に使うとは、思いもよらなかった。

私は「逸《はぐ》れる」から出たのではないかと、思う。「友達とはぐれる」とか「昼飯を食べはぐれた」のように、離れ離れになるとか、食べ損なうのように、マイナスイメージが強い言葉だ。

ところでシンちゃんに、文字遊びで「おくやけこ」とは何の意味か、解いてもらった。

「……」

答えが返ってこない。流石のシンちゃんも「薬缶の蛸」で手も足も出ないようだ。

その心は、いろは四十八文字の「おくやまけふこえて」から、「ま」と「ふ」が抜けているので、「間抜け」と「腑抜け」の意味だ。三遊亭金馬の『浮世断語』（河出文庫、二〇〇八年）にある。

文字遊びの奥は深い。何にでも首を突っ込みたくなるシンちゃんは、どうやら落語の本を手に入れて、勉強しているらしい。風の便りに聞こえてきた。落語なんて、ことさら勉強するようなものではないのだが、いかにもシンちゃんらしい。

第五話

偉大なる「非標準語」関西弁 アホとボケの偏差値

小さな国土で国境を接しながら、違う言語を維持するヨーロッパ連合（EU）の人たちでも、狭い国土の中で甚だしい方言差のある日本の言語事情は想像できないだろう。早くも十七世紀に世界でも例を見ない大都市を形成した江戸には、さまざまな独自の言語（方言）を持った人びとが日本中から集まった。そこで方言の角《かど》が取れて丸くなり、東北から来た人と九州や関西出身者の意志の疎通（コミュニケーション）が可能になる「当たり前」の言葉が生まれた。

文明開化を経て明治時代に「共通語」となり、教育制度が確立して標準語となる。さらに鉄道網が拡充し、生活の広域化、つまり人と物品が活発に素早く流動することで、日本中に「標準語」が普及した。加えて昨今では、新聞やラジオ、テレビなどマスメディアの発展が共通語の平準化に貢献したことはいうまでもない。言いかえれば、特色ある方言が消滅しつつあるわけで、大袈裟にいえば地方文化の衰退でもある。

落語にも多くの地方出身者が出てくる。例えば、「百川」の百兵衛は、口入屋の千束屋から料亭に派遣された奉公人。上総国鹿野山の麓の出ともいわれるが、別に特定する必要はない。築地の衆が飲んで居る座敷に出て「主人家《しゆじんけ》の抱《かか》え人《にん》」と名乗るが、山王祭の段取りを相談している威勢のいい連中が「四神剣《しじんけん》の掛け合い人」と早飲み込みしてひと騒動が起きる。

「お見立て」では、栃木は佐野の在の杢兵衛《もくべえ》（千葉流山のお大尽という場合も）は花魁の喜瀬川と夫婦約束をしたと思いこんでいるが、喜瀬川は相手にしない。顔を見たくないものだから、若い衆《し》の喜助に「恋い焦がれて死んでしまった」と言えと命じる。杢兵衛旦那は、ならばと喜助に墓所を案内させる。

料理屋の隣の部屋から、鮪《まぐろ》の赤身を「赤べロべロの醤油づけ」、蛸の三杯酢を「えぼえぼ坊主の酸っぱづけ」と喚いているのは「棒鱈」の田舎侍だ。「棒だら」というのは、江戸弁で「酔っ払い」のほかに、「阿呆、馬鹿」という罵倒語だった。田舎侍には、どうも薩摩の訛がある。

だいたいが、「年季《ねん》が明けたら、夫婦《ひいふ》になんべいちゅう間柄」といった按配に、地方を特定しない共通田舎言葉を用いる。

ありんす言葉という廓の用語も、各地方から来た女性たちの出身地を隠すために作られたという説がある。「ありんす」といっても時代によって微妙に変化している。動詞「ある」の連用形に助動詞「んす」が付いたもので、「あります」の意味だ。「します」は「しんす」「しなさいます」は「しなんす」となる。

「いくら誇張とはいえ、夫婦を『ひいふ』というのは、大袈裟ですよ。地方出身者に対する差別としか考えられません」

シンちゃんは、いささか不満げだ。

◎――単語の頭に「ど」がついた時の迫力

水戸の大学にいた時にゼミナールで指導した学生が、家庭を持って茨城県のひたちなか市に住んでいる。Facebookにこんな書き込みがあった。

小学校三年生になる息子の理科の試験で、次の（A）にあてはまることばを書きなさいという問題が出た。

「モンシロチョウのように、よう虫とせい虫のあいだに、さなぎの時期がある育ち方を（A）へんたいという」

正解は「かんぜん＝完全」だが、当のご子息は「ど」と書いた。そのセンスと根性が素晴らしい。小学校三年で、「よう虫、せい虫、へんたい」と書かなくてはならない「国語教育」にはいささか疑問が生じるものの、「ど」を思いついた「敢闘精神」には拍手を贈りたい。「へんたい」はもちろん「変態」だが、「過変態」、「多変態」といった変態もあるから、そのうち「ど変態」が採用されるかもしれない。そんなことはないか。

「ど」は関西に多い接頭語だが、茨城まで侵犯しているとは、知りませんでした。『日国』で整理してみる。まず名詞、形容詞、形容動詞、時には動詞の上について、罵る気持ちを込める。近世以降関西地方で使われ、上方の俗語とある。どアホ、ど派手、ど根性なし、どあつかましい、ど助平などの例が示されている。相手や第三者を罵倒する際に用いられる。

もちろん古くから用いられている言葉だが、最近では『男どアホウ甲子園』（原作・佐々木守、漫画・水島新司）が全国に広めたといえるのではないか。

現代の大阪弁について触れるならば、なにをおいてもご登場願わなくてはならない田辺聖子は自著で、次のように持論を展開している。

〈大阪弁の罵詈讒謗《ばりざんぼう》、悪口雑言というか、あくたれ口というか、そういうものを以前にも考えてみたが、それらはすべて、「ド……」を接頭語にもってくれば、てっとり早い。〉

（『大阪弁ちゃらんぽらん』中公文庫、一九九七年）

田辺説によれば、「嬶《かかあ》」「阪神」「坊主」にまで「ど」がつくという。怖いから使ったことはないが、「ど嬶」に比べたら、「どブス」なんて、可愛いものだ。「ど阪神めが！」といえば、イメージが湧き、格好がつくが、「ど巨人！」では迫力もないし、フニャフニャ感しか残らない。

阿川弘之が亡くなる二年前に刊行した「最後の一冊」ともいうべきエッセイ集『鮨 そのほか』（新潮社、二〇〇三年）に収められている掌編小説「鮨」なる一篇に「ドバチ」なる言葉を見つけた。漢字にすれば、「ど罰」であろう。

〈食糧の豊かになる時代まで生きて亡《な》くなつた彼（筆者注＝阿川）の老母は、晩年、物がさういふ風（筆者注＝粗末）に始末されるのを見ると、「今にドバチがあたる」と言つた。〉

この場合は、罵倒なのか強調なのか。罵倒、悪口の類では、アホ、ケチ、助平など本来「マイナス要因」を備えている品性を強調し、罵倒するのが普通だ。「罰」は天罰という言葉があるくらいで、神様や仏様が下すものだ。「罰あたり」となって、はじめて神仏を俗世界に引きずり下ろしたことになり、神様に遠慮しつつも、マイナス面を強調したのだろう。微かに神様への畏怖が感じられる。それにしても「ドバチ」は強烈だ。憎悪の念が込められているので、「ドバチ」などと口にしたら、それだけで罰が当たるような気がする。

私の趣味からすると、「ど真ん中」という言葉がどうにも好きになれない。耳に響く語感が綺麗ではない。東京には「真ん真ん中」という美しい言葉があるではありませんか。私の身体には「ど真ん中」は関西、東京は「真ん真ん中」と刷り込まれている。

国立国語研究所で非常勤研究員だった鑓水兼貴は、次のように分析している。

〈「『ど真ん中』は『真ん真ん中』より強烈な印象なので東京に広がったのでしょう。〉

（朝日新聞「東京のほぉー言」二〇一八年四月二二日）


新聞では、一面のアタマ、とか社会面のアタマ、という言い方をする。新聞の大阪編集局の整理部から「週刊朝日」に異動してきたデスクが、「今週のドタマは、これでいく！」というので、当時の横浜育ちの編集長は「あいつは品が無い」と嘆いていた。「ドタマかち割ったろか」という、罵倒語をイメージしたのだろう。おそらくその先輩は大阪で「二社（第二社会面）のドタマ」などと言っていたに違いない。アタマの先頭にドをつけると、一種の音便で、アが省略されたものだ。

上方落語の人間国宝だった桂米朝の「寄合酒」に「ドタマ食らわせ！」と出てくる。きす（酒）のところで述べたように、金のない長屋の衆がそれぞれ酒や肴を持ち寄って飲もうと算段する噺だが、犬が魚屋から鯛を一尾咥えて行ったのを横取りして持ってきたのがいる。世話人が「三枚におろして、片身は煮つけ、片身は造り、頭はこなして潮汁に」と差配して料理に掛かると、先刻の犬が戻ってきて、吠える。俺の鯛だから返せ、と言っているらしい。庖丁を握っている者が「どないしましょう」と世話人に尋ねると、「ボーンと、ひとつ食らわせ」という。「どこを食らわしますの?」というのに、「頭でも尻尾でも」と答える。

「まだ吠えてます」

「ドタマでも、胴でも二つ、三つ食らわせ」

結局、げんこつを食らわせるつもりが、聞いた方は鯛と勘違いして全部犬に食わせてしまった。

この噺は米朝の先輩にあたる笑福亭松鶴《しょかく》(六代目)の十八番で、米朝は松鶴からの聞き覚えという。松鶴の弟弟子が二〇一九年に亡くなった笑福亭松之助(二代目)で、その弟子が明石家さんまとなる。松鶴、松之助の「寄合酒」をそれぞれ聞いてみたが、「ドタマ」の響きは米朝より強烈だった。

◎――「ど」は外来語にもつく

「ど」には、罵詈讒謗に限らず、下に付く言葉の意味を単に強調する作用もある。どえらい、どぎつい、など罵る場合にも使われるが、普通の会話にもしばしば登場する。

下に来る言葉を強調する例として『日国』には、「どいき(息)」(栃木)、「どずるい」(新潟)、「どばだか(裸)」(岐阜)、「ど威勢よく」(静岡)、「ど殴る」(愛知)、「ど真剣《じんけん》」(三重・滋賀)、「ど闇」(兵庫)、「ど寒い」(香川)、「ど引《び》き出す」(福岡)などの用例を挙げている。「どアップ」など、外来語にもつける。映像関係者の間から生まれた用法だ。

接頭語の「ど」がさらに強まって「どん」になる例もある。「どん尻」や「どん底」などだ。「ど引き」から「どん引《び》き」が生まれた。「どんびき」は、ある言動によって、一座がしらける場合に用いられる。しらけるに「ど」を付けて、「どしらけ」から「どっちらけ」と変化した。「どん引き」は『広辞苑』にないが、「どっちらけ」は『広辞苑⑦』に「非常に興ざめであることをいう俗語」と記されている。接頭語の「ど」の音便と考えたい。

「ど」は頭につくだけでなく、接尾語として言葉の終わりについて意味を強める働きもある。まず漢字でイメージすると、「奴」が浮かんでくる。守銭奴とか売国奴などを考えると、当てはまる。「おいど（お尻）」は違うか。

シンちゃんは、もじもじしながら、

「『怒髪《どはつ》天を衝く』の怒はどうなるのでしょう?」

と言い出した。「あまりの怒りで髪の毛が逆立って、冠を突き上げた」と『史記』から生まれた言葉だ。人間は、怒り狂うと、髪の毛が逆立つものらしい。この「怒」は、ど阿呆のどとは関係ない。シンちゃんもそのくらいは承知の上で、かまってもらおうとじゃれてきたのだ。

「すると、ドジなんていうのも、痔がひどいところから、来たかもしれませんね。罵倒語ですし」

シンちゃんは、どのつく言葉を懸命になって探したようだ。おそらく一九八三（昭和五八）年に放映されたテレビドラマ「スチュワーデス物語」（原作深田祐介・文春文庫）に登場し、流行語にもなった風間杜夫と堀ちえみの「ドジでノロマな亀」を思い浮かべたのに違いない。

「ドジ」には諸説ある。「鈍遅《どんち》の字音から来たとする説。擬態語の「どぢぐぢ」「どぢどぢ」説。せりふを間違える動詞「とちる」からきた説などがある。まあ、強調語の「ど」とも「痔」とも関係がないことだけは確かだ。

その昔、正司敏江・玲児の「どつき漫才」というのがあった。舞台上で、つっこみがぼけを叩くのだ。そのうち、着物の前をはだける、舞台でひっくり返るなどとエスカレートしていった。どつきは、単なる「突く」に接頭語を付けたとする説と「胴突き」に語源を求める説の二通りある。

『広辞苑⑦』によれば、胴突きはもともと建築用語で、重機のない時代に人力で地盤を固めるのに用いる大きな重い筒状の棒など、とある。また釣りの用語にもある。

シンちゃんは普段の生活と性格から見ても、あまり結びつかないのだが、意外にも格闘技やプロレスに造詣が深いが、「どつき漫才」にはあまり興味がない。それでも、なんとか私をへこまそうと、「『どやす』のどは接頭語ですかね」と聞いてきた。

「やす」という言葉には痩せる意味しかなく、これも語源は明確ではない。『広辞苑⑦』には、「打つ、なぐる、どなりつける」とあるだけだ。

『大阪ことば事典』で「ドヤ」の項に、「どうや。どうですか。どうや・どないやが、どやと圧縮されることによって大阪弁はいよいよ威力を発揮するのである」と記されているから、こちらの方が正解に近い気がする。もちろん昨今はやりの「ドヤ顔」が「どうや」からきているのはいうまでもない。

あまり関西の罵倒語と関係なく、東京でも一般的に使われているのが、「どぎつい」だろう。「土性骨《どしょうぼね》」の土も接頭語だ。「性骨」は性根、性質、根性のこと。関西では、「土性骨を叩き直さなあかん」などとマイナスの意味で用いられる。『広辞苑⑦』には、性根・性質を強め、まとしてものしっていう語となっている。一般的には「土性骨がしっかりしている」などと褒め言葉としても使うが、もしかしたら関西地方の人には、違和感があるのかもしれない。

「ど根性」なる言葉も同じ範疇に属するだろう。『大阪ことば事典』には「ドコンジョ（奴根性）」で載っている。

〈根性に罵りの意のどを付けたもの。大阪の慣用では根性は悪い根性に使うことが多いので、「ど根性もの」などと称されるテレビドラマは「えらく根性の悪い人間の出世物語」という意味になる。〉

「どんくさいやっちゃな」という言葉もあるが、これは、接頭語の「ど」の系列ではなく、鈍重とか愚鈍という「鈍」の意味で、接頭語ではない。使われ方は、ほぼ罵倒語と同じで、やはり上方の風土に似合うようだ。

「アホにどがつくのはわかりましたが、アホの上だか下だかにボケというのがありますが、ボケには、どがつきませんね」

さすがシンちゃん、目の付けどころが違う。確かに「どボケ」というのは聞いたことがないし、お目にかかったこともない。

◎――「アホ」には親愛の情がこめられている

田辺聖子は『大阪弁ちゃらんぽらん』内で「アホ」を抜いて、大阪弁は語れないと断言する。次のような子どもの頃の悪たれ口を、紹介している。

〈あほは、一応、意味するところとしては、馬鹿、間抜け、魯鈍《ろどん》、痴愚、ウッカリ、脳足りん、ボケ、ぼんくら、とんま……などを包括したるものである。（略）

大阪のあほは、これは私の長年の持論であるが「マイ　ディア……」という感じで、親愛をこめた、ぼんやりした雰囲気《ふんいき》の言葉である。〉

なるほど、なるほど。よくわかりました。東京の人間は、「アホ」を馬鹿と直訳するから、さまざまな齟齬《そご》が生まれるのだ。

「ぼんやりした雰囲気」とは、確か司馬遼太郎が、「文化」の概念の説明に使ったと記憶している。そうか。「アホ」は大阪の立派な「文化」になっているのだ。

大阪生まれで劇団を主宰する女優のわかぎゑふによると、大阪弁の罵倒語の中で最も軽いのは「アホ」で、次に「バカ」がくる。このあたりまでは、ケンカというよりは日常会話の範囲なのだそうだ。

〈ボケはかなり本気でケンカする気になってる人が使う言葉だ。「このボケ、なにしてくれるねん！」と誰かが言い出したら、なだめるのに時間がかかると思わなければならない。〉

（『大阪弁の秘密』集英社文庫）

「アホ」よりも「ボケ」の方が格段に罵倒度が上位にくる。この微妙なニュアンスは、東京人になかなかわからない。「アホのど天井」という言葉を聞いたことがある。うまい表現ですね。「どアホの天井」では面白くもなんともない。この場合の天井の下には「知らず」や「抜け」が省略されているのだ。罵倒度が強烈な印象を与える。罵倒語になると、関西人の造語能力は東京人より格段に上昇するようだ。

「なるほど。『アホ』はまだ程度が軽いから、『ど』を頭につけて強める余裕があるけれど、

『ボケ』は最上級だから、強調する必要がないわけですね」

シンちゃんは納得がいった様子だ。さらに「ドサ回り」といいますが、地方を意味する「ドサ」のドは、どこから来たのでしょう、と聞いてきた。

うーん。『日国』には、「地方・田舎、また田舎者をさげすんでいう語」とある。また「東北弁で『……ということだ』の意味で、『どさあ』といい、東北弁や東北地方の人をいう」ともある。おそらく「お爺さんは山へ行ったとさ」の「とさ」の方言と考えられる。

警察や犯罪関係者の間で、ただ「ドサ」といえば、警察などの臨検、家宅捜査や「立ち入り」のほか、賭博開帳現場への「手入れ」を指す。警察の家宅捜査を意味する「ガサ入れ」と同義だ。ガサは「探す」のあたまの「さが」を倒置させたものだ。上方の珍芸漫談家、花月亭九里丸（一八九一～一九六二）が著した『寄席楽屋事典』（東方出版、二〇〇三年）で「どさ」を引く。

〈江戸時代の末期、賭場に手入れのあることを「どさ」と言うた。これは当時博打の現行犯として捕えると、佐渡ケ島へ送ったから、佐渡を逆にして「どさ」と言うたものである。ところが明治になって、佐渡送りが廃止になっても、至って縁起を担ぐ芸能界にもこの言葉が受け継がれて、旅へ出ることを「ドサ行き」なんて平気で言うようになった。〉

佐渡島へ送られると、帰ってくるまで長い歳月がかかる。そこで旅回りの興行に出ることを

「ドサを回る」といい出し、芸能界の用語となった。

◎――「何ぬかしてけつかる」のすご味と迫力

そういえば、かなり昔、スポーツ新聞の一面に「超ど級」という見出しが躍ったのを記憶している。最近では、とんとお目にかからない。中西太か王貞治、門田博光だったか。本塁打の飛距離の大きさを形容したのだ。見出しの言葉にも流行があるから、一紙が使うと、しばらく経ってから必ず模倣する社が出てくる。

この「ど」は、漢字だと「弩」となる。当て字だ。意味は『広辞苑』『大辞林』とも、「いしゆみ」「おおゆみ」としか載っていない。中国雲南省の山岳地帯に住む少数民族ヌー族の狩猟用具だ。アーチェリーに似た格好で野生の鳥獣を獲る。『新潮現代国語辞典』には、「戦艦ドレッドノートの音訳の略」とある。

ドレッドノートは一九〇六年に進水したイギリス海軍の戦艦の名前だ。戦艦の規模は、大きさやトン数だけでなく、装備した大砲の門数、口径などの総合的戦力だろう。正しくは「ドレッドノート級戦艦」と書くところを、頭文字のドだけを取って、ド級と略した上に、「弩」の字に置き換えた。ドレッドノート級戦艦を超える大型戦艦は、すべて「超ド級戦艦」なのだ。上方で発展した接頭語の「ど」とはまったく関係が無い。たまたま音が一致しただけだ。

ここまで書いてきて、新聞のラテ欄を見たら、「超ド級！　世界のありえない映像大賞」（フジテレビ）というシリーズ番組があった。今もなお、しぶとく生き残っているらしい。

接頭語の「ど」に対して、罵倒の意味を持つ接尾語もある。田辺聖子は「くさる」「さらす」「けつかる」「こます」を挙げる。

〈すべて動詞の連用形下につけて活用すると、怒罵とみに生彩を帯びて、輝かしくなる。〉（『大阪弁ちゃらんぽらん』）

確かに、「何さらすねん」とか「何ぬかしてけつかる」などと、実際に罵倒されたことはないけれども、字面を見ただけでも、迫力に圧倒される。

「何さらすねん」の「さらす」は「（関西地方などで）『する』をののしっていう語。しやがる」と『広辞苑⑦』にある。また動詞の連用形にも付く。例えば「そないにええ格好つけさらして」などと、相手の動作をののしるわけだ。

◎──「べった」にはなりたくない……

二〇一八（平成三〇）年九月五日の東京新聞に以下の記事があった。文部科学省の全国学力テストの結果が公表されたが、罪作りといえば、罪作りだ。政令指定都市では、大阪市が二年連続で最下位だった。

吉村洋文大阪市長（現・大阪府知事）は、「『べった』を続けている状況で、抜本的な学校大改革をしないと抜け出せない」と発言している。テストの結果を校長や教員のボーナスや学校予算に反映させたいらしい。「べった」とは、大阪弁で最下位を意味すると記事中にあるからいいものの、東京人にとっては初めて聞く言葉だった。

『日国』に「べった」の項目はないが、「べた」には「最下位、最後、びり」と載っている。「べたくそ」（大阪市）、「べたこ」（京都府南桑田郡）、「べったこ」（京都府乙訓郡）、「べったこ」（京都市）などの例が挙げられている。

「べべ」の項には、「序列の最後」とあり、「べべた」は京都市や大阪市で使い、用例に「あの人べべたでやっとのこと卒業しやはったのや」とある。

大阪で生まれ育った友人に聞いてみると、「べった」は最下位のことで、「べべ」「ど（ん）べ」ともいうとのこと。日常ごく当たり前に使われ、品が良いとか悪いとか、そういう色を持たない、ごく一般的な言葉だという。

「運動会の徒競走べった（べべ）やった」

「昨日のゴルフのコンペやけど、あんた成績べったか」

などと使うらしい。別の人に聞いたところによると、「べった2（ツー）」は、最下位の一つ上で、世にいう「ブービー」を指すとのこと。この和洋混淆《こんこう》、融通無碍な使い方が大阪ことばの真骨頂だ。

朝日新聞朝刊の連載マンガいしいひさいちの「ののちゃん」にも「べった」が登場している（二〇一九年五月二三日）。お兄ちゃんのやまだのぼる君が「中間テストの順位が出た」と言って、三人の名前を母親に見せた。のぼる君は真ん中。いつも下位にいる三人の連中が答え合わせをしたのだ。「トップは逃したようだ」といかにも残念そうだが、「してやったり」の顔でもある。ぐうたらママのまつ子は「ベッタはまぬがれたか、少なくとも。」と、渋い表情だ。まさか全国紙のマンガに「べった」が出てくるとは、思いもしなかった。

おそらく、「べった」の語源は果物などの「へた」から来たものと思われる。二〇一九年に亡くなった橋本治の『桃尻娘』の桃尻の意味からではないか。「べ」がつくところから、どうも下ネタ関連の言葉を連想してしまうのは我が身の至らなさかもしれないが、「べべ」は地方によって女性のデリケートな部分を指すのも事実だ。吉村大阪市長（当時）の発言とはまったく関係が無く、もちろん市長の品位とも無縁の話だ。

司馬遼太郎は「日本で近畿地方だけが野放図に方言を使用している」と『街道をゆく・南蛮の道』（朝日文庫）で指摘した。

「野放図に」というのは、ずうずうしく、しかも際限なくといった意味合いだろう。特に大阪人は、ビジネスなどの場でも、なんのためらいもなく大阪弁を堂々と使い、恬として恥じない。日本の商社の多くが、関西に生まれた商店から発展したという事情もある。

最近はあまり聞かれなくなったが、華僑をもじった「阪僑」という言葉もあった。関西出身の大宅壮一の造語だ。大宅によれば、東京弁というのは人工的に作られた一種のエスペラントでしかないが、大阪弁は「北陸、滋賀、三重から奈良、和歌山、瀬戸内海沿岸一帯まで、広範な大阪弁エリアを擁している」という。

「大阪は偉大なる田舎」の謂いに倣えば、大阪弁は「偉大なる方言」ともいえるだろう。また大阪人は、金を増やすだけでなく、それを使うことを知っている。ただ貯めるだけの人物は嫌われる。大袈裟にいえば一種の享楽主義で、快楽と気晴らしに長じている人たちが多い。「笑い」を商品化した吉本興業の存在を考えれば明快に理解できる。

落語はその発祥からして江戸と上方では大きく違う。漫才や落語などの演芸界には大阪弁による「上方文化」が、今なお綿々として継承されている。

◎――桂文枝の新作「大・大阪辞典」

桂文枝（六代目。前・三枝）の新作落語に「大・大阪辞典」という噺がある。大阪生まれの夫と東京銀座生まれの妻が、大阪へ転勤になり、妻が懸命に大阪弁の話法を学習するという噺だ。

以下は、噺の中にある文枝の「大阪語辞典」だ。
◆東京では、「蚊に刺される」というが、大阪では、「蚊に咬まれる」となる。大阪の方が少し大げさだ。咬む動作は、口と顎の力が必要だが、蚊は針というか一種のくちばしによる吸引だから、「刺される」か「吸われる」がふさわしい。関東では、犬や猫に「咬まれる」はあっても、昆虫にはなかなか使わないものだ。カミキリムシなら、その名の通り咬まれるでも構わない。オニヤンマに咬まれるのも痛い。

◆東京では、電信柱、電柱というが、大阪では、「電信棒《ぼう》」という。何か田舎の木製の柱のような気がする。「でくのぼう」とつながりがあるのだろうか。私の幼少時代は、ほとんどが木製だったが、電信柱と言っていた。棒といった記憶はない。

◆駐車場は、モータープールという。かなり昔から、梅田などの繁華街だけでなく、地方駅の畑の隣にもモータープールの看板が見受けられた。「モータープール」というと、ビルに納まった近代的な「大駐車場」というイメージが湧くような気がする。これも、東京人とは一味違う大阪人の「誇大表現」のひとつの方法なのかもしれない。

阪神電鉄に「尼崎センタープール前」という駅がある。大きな水泳場か大駐車場があるのかと思ったら、競艇場のことだった。ちなみにインターネットで「尼崎センタープール前」と「モータープール」で検索してみたら、ちゃんと尼崎センタープール前駅近辺の「駐車場」の案内が出てきた。大阪の難読駅名ではJR片町線の「放出《はなてん》」が有名だが、JRおおさか東線の「衣摺加美北《きずりかみきた》」も地元以外の人には、なかなか読めないだろう。

◆関東では「画鋲」というけど、大阪では、「押しピン」だ。

◆両面テープを大阪では「リャンメンテープ」と呼ぶのだとか。知りませんでした。大阪人はよほど、麻雀が好きなのだろうか。

◆東京でいう「ワイシャツ」は大阪では「カッターシャツ」となる。ワイシャツはホワイトシャツからきたのだが、カッターシャツは開襟の半そでシャツのイメージが浮かぶ。

カッターシャツはスポーツ用品メーカー、ミズノが商標登録している。競走用ボートのカッターから生まれたと思いこんでいたのは、迂闊だった。

◆新品をサラという。真っさらのさらだ。「新しい皿」は「サラのサラ」となる。

◆眼病の「ものもらい」を、大阪では「メバチコ」。初めてこの言葉を聞いた時は、なかなかなじめなかった。

◆「鳥肌が立つ」というけど、大阪へ行くと「サブイボが出る」となる。「寒いいぼ」ということだろう。「立つ」が「出る」と変わるのも面白い。『大阪ことば事典』の「サブイボ（寒疣）」には、「ぞっとした時などに皮膚に鳥肌を生じるをいう」とある。

野球のヒーローインタビューで、「ホームランを打った瞬間は、サブイボが出ました」などというのかしらん。一度、聞いてみたいものだ。もちろんうれしい場面で「鳥肌が立つ」を用いるのは誤用で、スポーツ選手がテレビでのインタビューで使ってから、かなり広く浸透した。

◎——長崎ばってん江戸べらぼう　神戸兵庫のなんぞいやついでに丹波のいも訛り

ところで、「江戸べらぼうに京どすえ」という慣用句がある。江戸と京都でよく用いられる用語を述べたもので、両地の様相が良く表れている。「大阪さかいに江戸べらぼう」も同じだ。「べらぼう」は、「阿呆、馬鹿」の意をこめた罵倒語で、無粋、野暮の意もある。また程度の甚だしきを表現する。「野暮」にもいろいろとある。前田勇の『江戸語大辞典』（講談社、一九七四年）の「べらぼう」は、「不粋。野暮」とあり、『大通法語』（一七七九年）から、「いにしへは古気《こけ》と云、のろまと呼ぶ、たわけ・ばか・とうへんぼく・うんつく・うつけ・べらぼうのるい皆不通《やぼ》の異名也」と引いている。

「長崎ばってん江戸べらぼう　神戸兵庫のなんぞいやついでに丹波のいも訛り」は言葉のはしばしに出る各地の方言の面白さを並べていったもの。とくれば、大阪の「さかい」を抜かすわけにはいかない。「奥州だんべい、大阪さかい、薩摩どんから」ともいう。

落語「大工調べ」では、大工の棟梁、政五郎と弟分のちょっと薄いが親孝行で腕のいい与太郎が因業な大家、源六へ談じ込む。おちは「細工は粒々　仕上げをごろうじろ」を奉行の「調べ」と大工の「仕上げ」を掛けた地口おち。政五郎が大家に掛け合いに行き、立て板に水の啖呵を切る。その後を与太郎がたどたどしく稚拙になぞるところが聞かせどころだ。

途中に「あたぼうよ」という科白が出てくる。ごうつく大家は意味が分からないので、「あたぼうとはなんだ」と聞き返す。大工は、「あったりめえよ　べらぼうめ」を詰めて、「あたぼう、っていうんだ」と怒鳴る。いかにも江戸っ子の短気で威勢の強いところがにじみ出てくる言葉だ。もちろん、上品な言葉とは言い難い。関西の「ドタマ」といい勝負かもしれない。

話芸の落語が辞書の出典として例示されることはないが、もし取り上げられることがあるとすれば、「あたぼう」の項目ではさしずめ「大工調べ」がその筆頭候補だろう。

大阪で生まれた落語に「いらち俥《ぐるま》」がある。「いらち」とは東京でいう短気、せっかちの意味だ。早速『大阪ことば事典』を開く。

〈いらつく人。せかせかする人。一つことにおちついていられず、なにかせかせかとつぎの新しいことをやってみたい大阪人の一つの性格である。動詞のイラ、ツを転じて名詞としたもの。〉

とあり、次の例文を挙げる。

〈ちょっと待ちいうのに、えらいイラチやなァ（大変せかせかするんだね）。〉

すぐにシンちゃんが反応した。

「語源はイライラすると、同じですね。苛立ちとか、苛つく、も同じはず」

さすが神経科の医師だから、人間の心理や行動を表現する言葉については詳しい。いってみれば、「業務用語」だから当たり前かもしれない。シンちゃんの性格は、いらちとは正反対でどちらかといえば「おっとり」だが、面白いと思ったら何にでもすぐ首を突っ込む性格は、「いらち」的でもある。

「いらち俥」は、一八六七（慶応三）年生まれの桂文屋の作と伝えられる。東京にわたり、「反対俥」と呼ばれる。俥とは、車を人が引く意味から人力車のことで、日本で作られた国字だ。明治の末期から大正にかけての時代で、現代のタクシーと考えればいい。浅草などの観光用人力車に往時の面影を見ることができる。

大阪も東京も噺の筋はだいたい同じだ。イラチの方は、本町辺りから梅田、東京の方は神田から上野まで、最終列車に間に合うようにと、人力車に乗る。最初に乗った俥はいずれも病み上がりの年寄りが引き、俥もいたるところに修繕の跡があり、半分は壊れかけている。よろよろ走るので、仲間の俥に次から次へと抜かれていく。業を煮やして二人目の俥に乗り換えると、これが飛ばすこと、飛ばすこと。すごい勢いで列車を追い抜いたとか、土管を飛び越えたとか、曲がることを知らない猪突猛進というスタイル。

「ラ、ラ、ラ、ラァ、ラァ、ラァ……アラヨッ…トゥ」という掛け声がすさまじい。

気が付くと、大阪では梅田を通り越して箕面、東京では上野を過ぎて川口まで行ってしまう。どうしても、最終列車に乗るから駅に戻ってくれと頼むと、最終には間に合わないが、一番列車には間に合うでしょう、というのが、さげ。駅を通り越して着く場所は、噺家によっていろいろと異なる。大阪では金沢、関東では、牛久とか郡山といった例がある。

三遊亭円丈の弟子で、劇団「四季」にも在籍していた異色の噺家、三遊亭究斗《きゆうと》は、日本でただ一人ミュージカル落語を標榜している。二〇一四（平成二六）年真打に昇進した。英語でも演じるが、その持ちネタに「反対俥」がある。もちろん究斗だけでなく、柳家喬太郎など、他の噺家もやる。俥のスピードと揺れを表現するのに、座布団の上で飛び上がったり、回転したりするところが湧かせどころの熱演爆笑派の噺だから、若くないとやれない。

すっかり大阪弁の「魅力」に取りつかれたらしいシンちゃんだが、「人力車で、箕面や牛久まで行けるわけがないじゃありませんか」と憮然たる面持だ。

大阪弁の持つ誇大にして直截、かつ非科学的な比喩にはなかなか同意しない。

第六話
けちん坊、あわてん坊、泥棒

落語には、ケチで欲張りな人を面白おかしく笑い者にして貶める噺が多くある。だいたいがケチな人は寄席なんかに来ない。なんで自分が笑うのに金を払う必要があるのか。金を払って笑うくらいなら、家でカミさんにくすぐってもらうわ……。只で済むではありませんか。という調子で、どんなにケチな人を悪くいっても客は不快に思わず、文句をいわれる心配がないというのが理由だ。

「味噌蔵」「片棒」は大店の主人で、「大工調べ」や「らくだ」は大家がしみったれとなっている。他にも「位牌屋」「二丁蝋燭」「ちきり伊勢屋」「五貫裁き（一文惜しみ）」「あたま山」など、演目は次々に浮かんでくる。

これらの噺に出てくる大店の屋号は、噺家によっても異なるが、赤螺屋《あかにしや》か吝嗇屋《しわいや》で、なぜか名前は吝兵衛《けちべえ》と決まっている。けちん坊、しわいん坊などといわれるが、しわいは漢字で書くと、「吝い」で、吝兵衛さんの吝、吝嗇《りんしょく》の吝だ。

この手の噺の「まくら」は、お金にとことん執着する吝《しわ》い人物が登場する。もちろん本題につなげる効果を狙ってのことだ。人間の本性の一面を大袈裟に誇張するから滑稽が生まれ、共感を得る。しばしばまくらに使われる古典的な小噺を三つ。

向かいに引っ越してきた鰻屋から漂ってくる匂いを嗅ぎながら、毎日飯を食っているので、匂いで鰻の太さまでわかるようになる。と、月末に鰻屋から「嗅ぎ賃」の請求が来た。匂いだけでご飯を食べられてしまうと、どうしても使うたれの量が増えて二回浸けるところが三回になる、という言い分。よし、払ってやるよ、といって、チャリン、チャリンと硬貨の音だけを聞かせた。嗅覚には聴覚で対抗したわけだ。

こういうのもある。主人が「隣の家から金槌を借りてこい」と小僧を行かせる。なんの釘を打つのかと尋ねられ、鉄の釘を打つと答えたら、金槌が減るからといって断られて帰ってきた。すると、主人が「ケチな野郎だ、それなら家にある金槌を使え」となる。どっちがケチだかわからない。

朝食の味噌汁には、おつけの実が入っていない。ある朝、珍しくタニシが二つも浮いていた。箸でつまもうとしても、なかなかつまめない。よく見たら、自分の眼が薄い汁に映っている。

◎——「六日知らず」とは？

ケチを表現する言葉にも、いろいろある。まずけちん坊だが、彦六の林家正蔵は「けーちん坊」と発音した。しみったれ、吝嗇、赤螺や、がりがり亡者、六日知らず。他にも、狡《こす》い、せこい、しまり屋、しぶちん、しわい屋、胴欲、などなどきりがない。形容詞の「狡い」は、「こすからい」から「こすっからい」へと変化していく。盗人仲間の倒語で「すこい」となり、さらに強調したのが「ずっこい」だ。

落語で聞いたことはないが、「あたじけない」もけちを意味する古い言葉だ。夏目漱石が『こころ』と『それから』『虞美人草』で用いている。

〈要するに先生の暮しは贅沢《ぜいたく》といえないまでも、あたじけなく切り詰めた無弾力性のものではなかった。〉

（『こころ』新潮文庫）

せこいはすでに触れたが、明治時代に芸人のあいだで用いられ、元は「芸が下手」の意味だった。「今日の客は、せこばっかりだ」と言えば、「噺のわからない客ばかり」の意味だ。そのうち「せこい」には、「みみっちい、狡い、くだらない」の意味が加わった。

今では死語になったが、戦後しばらくは「セコハン」とよくいった。中古品のことだ。これも「せこい」から来た言葉のように思う人がいるかもしれないが、英語の「セコンド・ハンド（secondhand）」を略したものだ。今の若い人たちは、「リユース（reuse）」を好んで使う。セコハンというと、自動車、バイクなど大型のイメージがあり、リユースというと一升瓶やワインの瓶など、飲料容器の再使用やジーンズなどの衣服やバッグなど小型の品が浮かんでくる。他にも、リサイクル（形状を変えた再利用）など、環境問題とも関係するので、節約と吝嗇との違いは、きわめて難しい世の中になった。

赤螺というのは、巻貝の一種。殻の内側が赤い色をしている。赤西貝の字を当てることもあるし、ただ「ニシ」と呼ぶ漁師や地方も多い。身は食用に適する。いったん殻の蓋を閉じるとなかなか蓋を開かないので、刺身にするには殻を叩き割る。茹でて身を取り出し、串焼きや壺焼きにしてもうまい。『広辞苑⑦』には、「財布の口を開けない人を赤螺貝に例えて、ケチな人をあざけっていう語」とある。

『江戸語大辞典』を開いてみる。ケチな人の意は、寛政や天保の頃からの例文が示され「拳を握った形を殻の形になぞらえていう」とある。「赤螺の壺焼き」は赤螺の身を入れて「栄螺《さざえ》の壺焼き」と称するところから「偽物」、「まがい物」の意味とも記されている。

六日知らずは、一日、二日と指を折って日にちを数えて五日までいくと、六日目は折った指をどうしても開かなくてはならない。ケチな人はいったん握ったものは絶対に放そうとしない。

したがって五日までは数えられるが、六日となるとわからない。そこでケチな人を「六日知らず」という。円生が「五貫裁き（一文惜しみ）」のまくらに使っていた。よくできた話だ。『広辞苑』にも載っていない。そんな人は実際にいないだろうけど、なにせ落語国の住人のことだから、そのうちお目にかかることができるかもしれない。

赤螺屋吝兵衛は「味噌蔵」で取り上げたが、ここでは「片棒」の吝兵衛さんを紹介する。それこそ爪に火をともし、三度の食事も二度にして、一代で大きな財を成した。身上がある身分になると、それなりの悩みが生じる。そろそろ隠居の年に差し掛かった。身代を三兄弟の誰に譲るかが大問題。倅の三人兄弟、それぞれに「もしも私が死んだら、どんな葬式を出すつもりか」尋ねてみた。今風にいうなら、相見積もりの企画書を出させたようなものだ。

長男は大きな会場を借り切って贅沢な弁当を用意し、思いっきり派手な弔いを考えついた。吝兵衛の人生哲学に適うわけがない。

次男は芸者の手古舞やら、主人の人形を山車に乗せて練り歩く新趣向の葬式を出したいという。無論これも吝兵衛の採るところではない。

三男は出来るだけ質素にやりたい。棺も金がかかるから、家にある漬物樽に入っていただく。十文字に荒縄で縛り、焼き場まで天秤で担いでいこうという寸法。この節約案にすっかり喜んだ吝兵衛は身代を三男に譲る気になるが、担ぎ手として二人ほど雇うのが気になった。三男もその点だけは未解決で、樽の担ぎ手を頼むと金が掛かるから、前は私が担いだとしても、後ろがいない。すると吝兵衛いわく「なあに心配はいらない。後ろは私が担ぐ」。

◎──一から十まで、「つ」は揃っているか

「佐々木政談」にこんな噺がある。けちとは関係ないが、「六日知らず」のつながりの話として、ちょっと寄り道を許されたい。南町奉行の佐々木信濃守が、姿をやつしお忍びで市中の見回りに行くと、子どもたちが奉行ごっこをしている。申したて人は二人。うちの一人が、「一から十まで、みんな『つ』がそろっているか」と聞いたら、相手が答えられなかったので、喧嘩になって殴ったという。奉行役の桶屋の息子、四郎吉が「さような些事の次第で、上の手を煩わすとは不届き」と、大人びたせりふも堂に入っている。

四郎吉は二人に放免をいいわたし、

「一から十まで、『つ』は揃っておる」

と、つけくわえた。喧嘩をしていた二人は納得しない。

「だって『十つ』とは、もうしません」

「だまれ、奉行の申すことに嘘いつわりはない。中に『つ』を盗んだやつがいる。五つに二つある『つ』の一つを取って、十に付ければ、皆そろう」

その頓智に舌を巻いた本物の信濃守は数日後、奉行所から四郎吉と父親に町《ちょう》役人まで呼び

出し、お白洲でさらに頓智の才を吟味する。信濃守のお尋ねに「こんな砂利の上では位負けがする」といって、四郎吉は奉行様の隣にちょこなんと坐った。「星の数を数えられるか」という問いには、「お白洲の石の数は？」と返した。父と母のいずれが好きじゃ」と聞かれると、差しだされた饅頭を二つに割って、「どちらがおいしいですか？」と聞き返す。

この機智頓才に感服した信濃守は「四郎吉が十五歳になったら、家来に取り立てる」と同道した父親と町役人に約束する。「一休さん」などの頓智話から、ヒントを得た噺と考えられる。

十には「つ」が無いところから、「十」と書いて、「つなし」という苗字があるという。ちょっと信用したくなるが、実在しない苗字らしい。一九七〇年代のＴＢＳ系テレビドラマ「ありがとう」に杉並区の「十《つなし》病院」が登場したのが発端だ。原作は平岩弓枝、プロデューサーは石井ふく子。主役は石坂浩二、山岡久乃、水前寺清子など。よく考えられた苗字だ。

十には「つ」がつかないところから、釣り人の間では、十尾以上の釣果があることを「つぬけ」という。東京の新宿に魚料理を食べさせる「つぬけ」という名前の店が実在する。百尾以上は「ソク釣り」という。

「ソクは、ムカデを百足と書くから、足から来たのでしょうね」

かなり自信のある表情で、シンちゃんが私の顔を覗き込んできた。残念、いつも惜しいと

ころで的を射ない。ソクは「一たば」から来たもので、漢字では「束」の字を当てることは、

「すし屋の符丁」で説明した。

シンちゃんは「ケチな人は、分裂気質の人に多い」という。ホントかなあ。いえ、いえ、医学博士がおっしゃることは信用しないといけません。

日本酒を飲ませる店の名前も多種多様だ。「小半《こなから》」と書く居酒屋の名店が横浜の野毛にある。『広辞苑』には小半と、二合半の漢字が示されている。小も半も、半分のこと。日本酒の基本の貫目となる一升の半分の半分だから、四分の一で二合半となる。

店の名前が「九」という焼鳥屋が秋葉原にある。なんと読むのか。

「一字の九だから、いちじくですね」

シンちゃん、今度は珍しいことにすぐにわかったので、すっかりご機嫌の様子。ご機嫌になると飛び出すのが、指をフレミングの法則のようにくねらす不思議な指のダンスだ。

◎——神田から杉並の妙法寺まで「お祖師さま」詣り

あわてん坊、つまり粗忽者の落語も多い。粗忽という言葉も徐々に死語に近づきつつあるが、「粗忽の使者」「粗忽長屋」「粗忽の釘」「堀の内」など、多くの噺がある。「粗忽長屋」は、す

でに述べたが、長屋に住む友人同士がそろって慌て者だから、相乗効果がある。「粗忽の釘」と「堀之内」は、おかみさんがしっかりしているのに、亭主が慌て者というパターンだ。

引っ越しをすることになった夫婦。亭主は大の慌て者。大きな風呂敷包みを持って家を出たのはいいが、肝心の引っ越し先の住所を聞くのを忘れて出てしまい、ようやく着いたのは夕刻になってから。女房に箒を掛ける釘を一本打ってくれと頼まれ、大きな瓦釘を打ち込んだ。「隣のうちに突き抜けたんじゃないのかい、様子を見に行っておいで」といわれて、飛び込んだのは向かいの家。「いくら長い釘でも、道をはさんでここまでは届きませんよ」といわれ、ようやく隣の家に行くと、釘は仏壇の仏様の頭の上に突き出ていた。

「ここまで、毎日箒を掛けに来ることはできねえ」

粗忽な性格を直すために、堀の内のお祖師《そっ》さまにお参りに行くのが、「堀の内」。正しくは日蓮宗本山の妙法寺。厄除けのおそし様というのが普通だが、江戸っ子は「おそっ様」といった。お祖師堂と「遅い」を掛けて「少しお祖師（遅し）堂」という洒落言葉がある。神田の自分家《じぶんち》から出ると反対方向に向かい、両国まで行ってしまう。引き返したら、浅草寺に着いた。「今日一日、お祖師さまになってくれませんか」とお願いしても、それは無理な算段というもの。都々逸《どどいつ》に「嫌な男の親切よりも　好いた男の無理が良い」とあるが、そんな人情噺の要素は欠片もない滑稽噺だ。

鍋屋横丁を左に曲がって、ようよう妙法寺にたどり着いた。お弁当を広げようとしたら、女房の腰巻に包んだ箱枕が出てきた。おかみさんが枕元に用意しておいた弁当を間違えたのだ。お参りをすまして帰ってくるなり、「このあわて者！」と怒鳴りつけたつもりが、女房ならぬ隣のかみさん。子供を湯に連れていき、背中を洗いながら「大きくなったなぁ、お前、いつ彫り物を入れた」と叱った相手は鳶頭《とびがしら》。

この手の滑稽噺は、どこでも切れるので寄席の時間を調節するのには適している。

一見、冷静に見えるシンちゃんだが、意外に慌て者の素顔をみせることがある。「生来の慌て者で」と自虐的な言い訳をすることもあるが、あんまり反省はしていない。メールの返信を送っているのに、忘れて何回も繰り返したり、来信メールをすっ飛ばして読んでしまう。チャンスボールの易しいスマッシュを自分のネットに引っ掛け、相手側の後ろのフェンスを直撃したりしている。どういうわけか、薬の処方になると、絶対慌てないところが素晴らしい。

◎――ドジでマヌケな泥棒たち

泥棒の話も多い。泥棒噺は縁起が良いといわれる。お客の贔屓と懐中を「取（盗）りこもう」という洒落だ。すでに、「転宅」は説明したが、他にも「もぐら泥」「だくだく」「釜どろ」「締め込み」「鈴ケ森」「碁どろ」などがある。落語に出てくる泥棒は、ドジで間抜けな連中が多く、どこか愛嬌があるから縁起につながるのだ。悪賢くて陰惨、強欲な泥棒だと、反感を買うばかりで、縁起がどこかへ逃げてしまう。

どんなドジがいるかというと、「広い庭のある家には金があるものだ」といわれて、入ったところが公園だったり、「人のいない家に入るんだ」といわれて空き家に入る。電話があって小ぢんまりした家が狙い目と教えられ、交番へ押し入るような連中だ。

与太郎風の新米泥棒が経験豊富な親分の指導で、初めての実地訓練をする噺が「鈴ケ森」だ。鈴ケ森は品川区の刑場跡で、暗闇を通る旅人を二尺八寸の段平物で脅かし、金目の物を巻き上げようという追剥だ。親分から「おーい、旅人。ここを知って通ったか、知らずに通ったか。俺の頭の縄張りだ。身ぐるみ脱いで置いていけ……」と教わった脅し文句を口に出してはみたものの、そう簡単には覚えられない。震えながら、つっかえ、つっかえ、たどたどしく、いうものだから迫力は全くない。「二尺七寸の段平物」でまちがえ、相手から、「それをいうなら二尺八寸だろう」と訂正が入る。「ええ、一寸先は闇でございます」で、さげの場合もある。初心者と見破られた相手から、逆に「四の五のいうと、ぶっころすぞ」とすごまれ、「身ぐるみ脱ぐから勘弁してください」と退散する演者もいる。

火鉢にお湯が沸いているのに誰もいない。早目の一仕事、と空き巣に入って風呂敷に着物を包み、逃げようとしたら、亭主が帰ってきたところから始まるのが「締め込み」だ。あわてて台所の床下に隠れこんだ。亭主は風呂敷包みを見つけて、これは女房が家出を企んだに違いないと邪推する。そこに女房が戻ってきたので、派手な夫婦喧嘩が始まった。薬缶が飛び、熱い湯が台所の床下にまでしたたり落ちた。飛び出した泥棒が仲裁に入り、円満解決する。酒までご馳走になりぐっすり眠ってしまう。二人は、この泥棒をどうしようと思案し、亭主が女房に「家の外から心張棒を掛けな」が、さげ。

金の無い八五郎が家財道具をすべて売り払い、何もない部屋に引っ越してきた。白い紙は貼ったものの、あまりにも寂しいので、知り合いの画家に箪笥や金庫、茶箪笥、ラジオ、長火鉢に鉄瓶などを描いてもらう。長押《なげし》には槍を掛け、眠っている猫までいる。いわば舞台の書き割りみたいなところで寝ていると泥棒が入ってきた。気が付かないふりをして観察していると、箪笥の引き出しがどうしても開かない。貧乏な部屋の主に同情した泥棒は、このまま帰ったのでは先輩たちに面目が立たない。ここはひとつ盗んだつもりになってやろう。「風呂敷に着物を入れたつもり、金庫から金を盗んだつもり……」と一人芝居に興じた。

八五郎もその粋な振る舞いにいたく感じ入って、共演する。

「むざむざ盗まれてはたまらない。袴のすそ立ちを取ったつもり、長押から槍を取り出したつもり、しごいたつもり、わきっぱらに差し込んだつもり……」

「無念、血がだくだくと出てきたつもり……」

演題は「だくだく」、関西では「書き割り盗人」。

盗みに入られた貧乏人も盗みのふりをする盗人も「材木屋の泥棒」に違いない。心は、木を盗るところから「木盗り」で「気取り屋」という洒落だ。

土竜《もぐら》のように台所の土間の下を掘り起こし、内から戸の掛け金を外して侵入する手口を「もぐら泥」という。たまたま明日が三十日《みそか》というので、主人は遅くまで算盤をはじいて帳面をにらんでいた。台所の方から音がするので、不審に思って見ると手がのぞいている。細引で手を縛って柱に括り付けた。泥棒は利き腕を抑えられているので、身動きできない。

そこに通り掛かったのが、金欠病のお兄さん。金がないのでなじみの店も相手にしてくれない。兄貴分から明日返す約束で金を借りたのはいいが、返す目途がつかない。もぐらの泥ちゃんは必死に、背中の財布に入っている小刀を取ってくれと頼み込む。細引を切って逃げようという魂胆だ。お兄さんが財布を開けてみると、五円ほど入っている。ちょうど借りた金を返してお釣りがくる。勿怪の幸いと、財布を持ってすたこらさっさと行ってしまった。

「畜生ッ　おーいッ　待てぃ！　ドロボー……」

まさに「盗人が盗人に盗まれる」という俚諺を地で行くような噺だ。「上には上がある」と同じで「予想外の出来に驚くさま」のほかに「うぬぼれや欲望は、適当なところで止めておくほうがいい」という意味がある。関西地方の方言ではもぐらを「おんごろもち」というところから「おごろもち盗人」と呼ばれる。

「『盗人に追い銭』の意味とはちょっと違いますね。『盗人の番には盗人を使え』といって、事情通は重宝されるものなんですが、このまぬけぶりは大阪的ですね」

シンちゃんの指摘はだんだん鋭くなってきた。高座で利き腕を取られ、もぐらのような格好で背中の財布を取ってもらう演者の仕草が気に入ったようだ。

◎——泥棒に向かって、「岡目八目助言は無用」

囲碁が出てくる噺は多い。「文七元結」や「柳田格之進」は碁に熱中したばかりに失敗する噺だが、「碁どろ」は碁盤の石の音につられて、泥棒が盗品を背負ったまま後ろから口を出すという噺だ。

古今亭志ん朝の「碁どろ」を聞く。

仲の良い二人は、煙草盆を傍らに置いて、年中碁盤をはさんで興じている。

「煙草と打つ」

「煙草と切る」

「切られれば、こうのぞく」

「のぞきゃ、婆《ばば》でも臍《へそ》隠す」

などと勝手なことをいいながら打っていると、碁石の音につられた碁好きの泥ちゃんが戦利品の大風呂敷を背負ったまま、碁盤をのぞき始めた。根が好きなものだから、つい口を出す。

「見慣れない人だねぇ。岡目八目助言《じょごん》は無用ですよ…お前さんは誰だい…大きな荷を背負って…」

「泥棒でござんす」

「泥棒ッと打つ」

「泥棒ッ、と打たれては、弱ったね」

といいながら、格好の妙手が浮かんだらしく、うれしそうに「泥棒さん、よく来たねェ」と打って、さげとなる。

「岡目八目助言は無用」の助言は、柳家小さんも古今亭志ん朝も、「じょげん」ではなく「じょごん」といっている。『日国』の「助言《じょごん》」には、『日葡《ポルトガル》辞書』（一六〇三〜〇四）から、「ゴシャウギ（碁将棋）ニ jogon（ジョゴン）スルワ　ケンクァノモトイ　ヂャ」とある。

碁や将棋に熱中すると、親の死に目に会えないとも言われる。「恋わずらい」も「碁狂い」も特効薬がないところは共通している。酒も勝負事もほどほどの案配が良いということだろう。

第七話

耳から入る古くて新しい日本語の美学

落語は話芸だが、しゃべりまくるだけでは成り立たない。目の動きに表情や仕草、扇子や手ぬぐいといった小道具の使い方も重要な噺の構成要素だ。

噺の中に「弥蔵《やぞう》」という言葉が出てくる。例によって『日国』を引く。「着物の中で握りこぶしをつくり、その手を胸のあたりに置いて、着物を突き上げるようにしたさまを人名のように表わした語」とある。転じて、にぎりこぶし、拳固《げんこつ》の意となる。

数多くの落語速記本を手掛けた飯島友治は「本寸法」の項で少し触れたが、実際に鳶頭《とびかしら》から弥蔵の所作を教わった。

幼少時から落語を聴き続けてきた飯島の著書『落語聴上手』から引く。

〈弥蔵はその昔、鳶ノ者・職人・棒手ィ振り・博打うちといった連中が、往来を闊歩するときの意気に気取った容姿です。和服で片手を懐手にし拳固を作って、上胸のあたりで着物を突き上げた形。左右どちらかの片方の手だけ、「弥蔵を組む」という。拳固は握っているだけでなく、掌が上向きになるように手首から上を反らせる。手首の返し、反らせ方が大きいほどいい型にできます。〉

（筑摩書房）

鳶頭の指導は、拳固の位置を「もう二分ばかり首のほうに寄せて……」などと少しの差に執着する厳しい指導だったという。飯島は物語の口調だけでなく、扇子や手ぬぐいの所作もきちんと継承されなくてはいけないと主張した。

立川談志がまだ二つ目の小ゑん時代に東宝やＴＢＳが肝いりの若手勉強会で、飯島友治と大喧嘩になった。方々で生意気と思われていた小ゑんにしてみれば「俺はプロで、お前みたいな年寄りにがたがたいわれる筋合いはない」という気分だったのだろう。円生が飛んできて、小ゑんは勉強会を即刻クビになった。

飯島は、徳利を持つ手つきにしても、もう少し上、とか下とか、位置にまで決まりをつける。談志にすれば徳利の持ち方よりも、噺が面白ければいいだろうという姿勢だから、合うはずはない。談志が所作をないがしろにしているわけでは決してない。木の枝葉も大切だが、森を見る方がもっと重要ではないかというのだ。

弥蔵は、跳ねっ返りで少しおっちょこちょいの連中が好んだスタイルだから、貫録がついた棟梁や親方になるとやらなくなる。「大工調べ」の棟梁や、半纏《はんてん》を何枚も重ねて着るまでに立ち直った「子別れ」の熊五郎は往来を歩いても弥蔵を組まない。

現代なら、さしずめローライズでぶかぶかの「腰パン」といったところか。アメリカの刑務所では、自殺予防と逃走防止のためにベルトの着用は認められなかったのが、ルーツとされる。「アウトロー感覚」で既成社会の規律に対する反抗の精神も見受けられる。一時は高校生の間で流行し社会問題にもなったが、最近ではほとんど見なくなった。

◎――「約束」と「想像」で成り立つための条件

「妾馬《めかうま》」の八五郎は妹が殿様のお世継ぎを生んだので、大家の羽織袴を借りてお目通りすることになった。つい、いつもの癖で弥蔵を組んで、大家からたしなめられる。暮れの千両富みに当たったので、羽織袴を自前で揃え、年始回りをする「御慶」の八五郎も、端《はな》に出かけた大家から注意を受ける。平素は身に着けたことがない町人が、袴を着けると、前後を間違えたり、片方に両足を入れて、イカのようにもう一方をぺらぺらさせたりする失敗が多い。「だから、『侍の窮屈袋』は嫌だっていうんだ」と嫌味を言いたくなる。「窮屈袋」は明治時代に広く用いられた。『広辞苑⑦』には、「明治期、袴の俗称」とあり、島崎藤村の『春』から「究屈袋を脱ぐ間もなく」の用例を引いている。

第二話で取り上げた、自分の家の二階に吉原の店がまえを作らせて「冷やかし」を楽しむ「二階ぞめき」の若旦那は、かめのぞきの手ぬぐいで頬被りをして、袂《たもと》で拳固を握る。これも弥蔵だと勘違いする人がいるが、実は違う。大店の若旦那だから、弥蔵は組まない。

しかし喧嘩になったとき素早く拳固が出せるように袂が小さく袖口が広い「七五三五分《しちごさんごぶ》まわし」という特別誂えの着物「平袖」を用意して、自分ちの二階の「特製吉原」に上がる。この衣装は襟幅が細めで、動いたときに足の内ももが見える。威勢のいい鉄火肌の若者に好まれたという。

古今亭志ん生は「懐の中に拳固を貯蓄しておくのですなァ。『貯蓄銀行（拳固）』っていうくらいのもの」とくすぐりを入れる。銀行と拳固を洒落たのだ。今では貯蓄という言葉もだんだん聞かれなくなってしまった。

同じ八五郎でも「垂乳根《たらちね》」の八五郎は大家から嫁を世話してもらった。今夜にも嫁さんが来るというので喜び勇んで家に帰る。弥蔵を組んで浮き浮きと急ぐ姿を若い人が演じると、犬が餌を待っているように見える。和服は今なお継承されているとはいえ、そんな着方をする人が存在しないのだから、やむを得ない。

このお嫁さん、厳格な漢学者の父に育てられたために話す言葉が難しいうえ、丁寧過ぎるのが唯一の欠点。八五郎から名前を聞かれ「自らの姓名を問い給うや」といった調子で大騒ぎ。朝になってやってきた八百屋を呼び止め、「其の方が鮮荷《せんか》のうちにたずさえし一文字草《ひともじぐさ》の値は……」ときたものだから八百屋は目を白黒するばかり。一文字草とは、葱のこと。葱はその昔「き」と一文字で呼んだから、と『広辞苑⑦』にある。黄色のキからきたもので、ニラは二文字だから「ふたもじぐさ」という。もちろん「ひともじ」が正しく、江戸弁風に「しともじ」と訛るところは、落語家の洒落だ。

昔の行事、風俗、慣習、道具、職業などが世の中の進歩とともにすさまじい勢いで消えていく。例えば、すでに説明したへっついもそうだが、今や藪入りだって通じない。文献や資料で往時の姿格好を再現しても、いつまで継続できるのだろう。重要な事項はあらかじめ説明しておかなくては、肝心なさげが通じなかったりする。これを「仕込み」という。

桂枝雀は「落語は約束と想像で成り立つ」といったが、その約束を客のほうで理解するのが難しくなっている。演者だって見たこともないものをどうして観客に伝えることができるのか。一方の観客は仕草と音声で、どこまで理解できるのか。永遠のテーマといえばそれまでだが、落語の前途を占う重大な案件といえる。

古今亭志ん生と同じようにがらくたの骨董屋を覗く趣味があるシンちゃんは、冷やかし（素見）でなく、必ず買い求める癖がある。不忍池の骨董屋で鰻屋が使いはたしたような渋団扇を買ってテニスコートに持ってきた。先日もデパートの古書市では、読みもしないのに土井晩翠の署名入り『自選詩集』と竹久夢二の挿し絵付き『雨月物語』に大枚をはたいた。診療所が神保町の近くでなかったのは、シンちゃんのために大変慶賀すべきことだ。

「古い物にこそ真実があるのです。落語も古い噺は大切しなければいけません」

シンちゃんが真面目くさっていうと、どこかおかしさがにじみ出てくる。

◎――音で漢字を思い浮かべる難しさ

落語は底本があるわけではなく口伝だから、正解というようなものはない。言い間違えがそのまま長い間誤って伝えられてきたという場合も充分考えられる。音から入る場合がほとんどだから、漢字が瞬時に思い浮かばないことがある。活字になった文章なら、読めなくても漢字の姿、格好から一応のイメージが湧く場合がある。音は口跡の良し悪しや訛りによって伝わらない時もある。

「寿限無」だって、ひとつひとつの意味を検証すれば、それぞれに面白い話があるはずだが、「長い名前」でひとまとめにしてしまう。「金明竹」の関西弁の伝言でも、理解できるのは「脇差、織部の香合、花活け、古池や蛙とびこむ水の音、坊主、屏風」などところどころにしかない。起こした文章を読むとかなり納得できる。人名は飛ばすとしても「のんこの茶碗」といった専門用語は調べるしかない。「のんこ」とは「のんこう」のことで、京都楽焼本家の三代、道入の俗称、とある。ひとつひとつの言葉の意味が分からなくても、落語の面白さを理解することができるから別に構わない。

落語の言葉を丹念に吟味する必要は全くないのだが、何回も聞いていると、普段は全く使わない言葉に出会うことがある。

そんな言葉に「花見の仇討」や「高田馬場」に出てくる「盲亀の浮木、優曇華《うどんげ》の花」がある。本来は仏教用語だ。大海の底に長いあいだ住みつき、百年に一度海面に出る目の見えない亀が海水に流れ浮かぶ木片の一つの穴に入ろうとする。会うのは極めて難しいこと。めったに起こらない現象の例えだ。仏の教えに出会うのも同じように難しい、と説いている。千載一遇の好機、あるいは仏教の教えに出合うのはなかなか難しい意味でも用いられる。落語や講談では「ここで逢うたは盲亀の浮木、優曇華の花待ち得たるここちして……」と、敵討ちと出会う場面で多く使われる。優曇華の花は、仏教では三千年に一度しか咲かない珍しい花とされる。

志賀直哉が一九六三（昭和三八）年に発表した随筆の題に「盲亀浮木」（『志賀直哉随筆集』岩波文庫）と名付けた短編小説風の小品がある。飼っていた犬が家から抜け出して、一週間後にバスの中から偶然に見つけたので、車掌の制止を振り切って飛び降り再会を果たすといった、僥倖以外の何物でもない出来事を三つ紹介している。この作品を原作として、二〇二〇年の三月にタイ公共放送とＮＨＫの共同制作として「盲亀浮木～人生に起こる小さな奇跡」というドラマが、ＮＨＫワールドＪＡＰＡＮで放送された。タイの制作陣がこの志賀作品に目を付け、舞台をタイに移してドラマに仕立てた。

落語には幽霊や妖怪が出てくる噺も多い。だいたい「どこからともなくエンジの鐘の音が陰に籠もって、ごぉーん……」、と聞こえてくる。漢字は遠寺だ。ただ遠い寺の鐘の音、の意味。たいがいはもの寂しい時か、おどろおどろしい情景に使う。人によっては「インジの鐘」と聞こえるので、別の言葉があるのではないかと探したことがある。「お菊の皿」には必ず出てくる。番町だから、寛永寺でも良いはずだが、特定してない。「野ざらし」は舞台が向島だから、浅草寺などと特定する演者もいる。

二〇二〇年の一月三日、ＮＨＫの「初笑い東西寄席中継」を観ていたら、桂文珍が「去年の除夜の鐘の音は一つ足らなくて、百七つしか鳴らなかったのですよ」と真面目な顔でいう。みんな怪訝な表情を浮かべると「ゴォーン……」といって、顔をくしゃくしゃにした。一九年暮れの二十九日に日産のゴーン元会長が関西空港から逃亡したのをネタにしたのだ。

フーテンの寅さんの職業は露店行商販売人だが、映画を見ていると、山田洋次監督の落語好きが見て取れる。自身でも新作の台本を書いているくらいだ。柳家花緑が演じる「真二つ」を聞いたが、あまり記憶に残る出来ではなかった。寅さんは、リズムよく口上を述べたてて露店で品物を販売する。仲間内では、「啖呵売《たんかばい》」という。

有名な「四谷赤坂麹町ちゃらちゃら流れるお茶の水……」は、「寅さん」の第三作をはじめとして、しばしば出てくる。本来は「四谷赤坂麹町本所深川たらたら落ちてお茶の水」(『故事俗信ことわざ大辞典』小学館)という。江戸城を中心にして、西から南東、東、北の順に町名で方角を示した言葉だ。バナナのように威勢のいい啖呵もあれば、「泣き売《ばい》」といって、泣きながら売る商売もある。仲間がいて、チームで芝居をする場合もある。

落語に出てくる「蝦蟇《がま》の油」は、切り傷から潰瘍、痔疾にまで効く家庭用の膏薬で貝殻にいれて路上で販売していた。筑波山ガマ口上保存会があり、つくば市の無形民俗文化財に認定されている。大道芸として認知されたということだ。落語の口上とは、微妙に違っている。リズムが良いのはわかるのだが、なかなか漢字が浮かんでこないから意味も分かりにくい。

志ん朝の「高田馬場」(『志ん朝の落語6』ちくま文庫、二〇〇四年)を借りる。

〈さあお立ち会い、ご用とお急ぎでない方はよォく見ておいで、遠出山越し笠の内、物のアイロとリカタがわからぬ。山寺の鐘は轟々と鳴るといえども、法師一人来たりて鐘に撞木を当てざれば鐘が鳴るやら撞木が鳴るやら、とんとそのリカタがわからぬ道理だ。〉

筆者があえて片仮名で表記したのだが、アイロは文色、リカタは理方と書く。

「遠く離れたところからとか山を越して見たり、山の上から、笠をかぶった中をのぞいているだけでは、物の様子も理屈もわからないから、もっと近くに来て、じっくり眺めてください」といっているのだ。

文色は、物の様子、形の区別の意味。理方は理屈、理論。どうしてこんな難しい言葉が用いられるようになったのかわからない。文色は「あやいろ」がつまったからと考えられる。落語は、講談や浄瑠璃、義太夫、浪曲から派生、翻案、脚色した作品も多いので、その流れの中で今に伝えられたのかもしれない。

文色も理方も『大辞林』には載っていないが、文色は第三版にある。『広辞苑』には二つともある。

昔から多くの人たちは質屋のご厄介になっている。質屋を題材にした噺も多い。明治期には「一六銀行」といった。七を一と六に分けた洒落だ。「ちきり伊勢屋」という長い噺がある。数日にわたって、高座が続いた例もあるというから、かなり長い。最近では、先代の林家正蔵（彦六）が知られている。質屋「ちきり伊勢屋」の若主人、伝次郎は、八卦見の名人白井左近から、「あなたは来年の二月十五日に命を落とす」といわれた。理由は「それというのも先代があこぎな商売で店を広げた祟りだ。テンテイに陰りが現れている」という。

テンテイとは天庭で、天帝の庭の意味から、骨相術で額の中心部となる眉と眉とのあいだの部分だ。転じて額を指すこともある。「眉間にしわを寄せる」の眉間と同じだ。

伝次郎は、番頭と相談して、恵まれない人のために功徳を施し、自らも酒肴を用意して通夜を迎えるが、死なない。多くの人を助けたために死相が消えたという。すべての財を失ったものの、若主人が使ったお金で命拾いをした人との奇縁で、人手に渡っていた生家の質店を再興する、という物語だ。

質屋の三番蔵に幽霊が出る噺が「質屋庫《ぐら》」。この質屋も伊勢屋。庫のなかの掛軸の菅原道真公が、「また流されそうだ」といって化けて出るという道真の「ぬれぎぬ」に因んださげだ。

番頭と出入りの鳶の頭熊五郎が寝ずの番に詰めることになった。質屋の蔵といえば、それこそ高価な美術品ばかりでなく、長屋に住む人の鍋や釜、季節を過ぎた衣類など日用品の類も多い。そんな暮らしの恨みがたまりにたまって、化けて出るのだろうということになった。例えば暮らしを切り詰め、小銭をためてようやく買った着物や帯を質草にして亭主の苦境を助けることもある。それが請け出せなくなると、世話になったことを忘れて恨みになる。その気が化けて出ると主は言う。三遊亭円生は「女っていうのは、そこはたまかな者《もん》で……」という。最近では小三治の弟子、柳家一琴も同じようにしゃべる。

廓通いに夢中になっている鼈甲問屋の若旦那の嫁取りを巡り、番頭と鳶頭が一芝居打つ噺が「山崎屋」だ。入れあげている花魁《おいらん》に大店の「たまかな生活」に慣れてもらわなくてはならない。しばらく鳶頭の家で針仕事を習うことになった。大店といっても、つつましく倹約して生活していることがわかる。

その「たまか」を『広辞苑⑦』で引くと、「①まめやかなこと。実直。②つましいこと。倹約」とある。「東京の方言」とする説もあるようだ。

あまり聞きなれない言葉だが、常盤新平が亡くなってから出た『たまかな暮し』（白水社）を読むと「たまかな」の意味が良くわかる。贅沢なご馳走に目をやらず、地味な食べ物に手をかけて少量の酒を楽しむごくありふれた日常が最高の贅沢だという連作短篇小説集だ。質実ではあるが、決して吝嗇ではない。池波正太郎の晩年の現代小説『原っぱ』（新潮文庫）から影響を受けたと思われる。小説の風合いと人生観が通底している。

◎――「おこつきながら」蔵の中へ……

さる大ホールの落語会で、柳家さん喬の「たちきり」を聞いた。花街を舞台にした噺では珍しい純愛物語だ。

芸妓を座敷に呼ぶ料金を玉代（関西では花代）というが、昔から時間制で今なお続いている。その時間を計るために、線香が用いられていた時代の噺だ。まあ線香は砂時計みたいなもので、時計がまだまだ普及していない時代には究極のアナログ時計だった。一本の線香が燃え尽きるまでが「一本」で、最小単位となる。四十五分くらいと思っていれば間違いない。

ちなみに線香は「消える」とはいわずに、「立ちきれる」という。『広辞苑⑦』によれば、「立つ」のなかには「物が保たれた末に変わって無くなって行く。炭火、油などが燃えつきる」とある。「経つ」と書いた場合は「時が経過する」ことをいう。

ある商家の真面目な若旦那が、たまたま寄り合いで出会った色町の置家の娘、芸妓の小糸に一目ぼれしてしまった。小糸の方も、行く末は夫婦になると心に決めていた。若旦那はお茶屋に入りびたり、店の金にまで手を付ける始末に、親族が集められ善後策が講じられる。勘当という厳しい意見も出たが、百日間の蔵住まいを命じられた。蟄居《ちっきょ》である。蔵とはいえ、暮らしの支度はきちんと用意されているが、もちろん外出はできない。

番頭が若旦那を蔵の入り口に案内して、ぽんと背中を押した。

「若旦那はおこつくように、蔵の中にどさっと消えた」

さん喬のいう「おこつく」の意味は何か。

『日国』にも『広辞苑⑦』にも「おこつく」はなく、「おこづく」ならある。『日国』の「痴付《おこづく》」には「ばかみたいに見える。みっともなく見える」とあるから、これで意味が通るともいえる。また（「おこつく」とも）という注釈つきで「勢いづく。いどんでいく」とあるが、そんなに元気が湧くような状況ではないだろう。

「おこ」は痴のほかに、烏滸、尾籠などの漢字がある。「おこがましい」の「おこ」も同類だ。「間抜けに見える」とか「差し出がましい」の意味だ。さらに日本舞踊や歌舞伎の専門用語で「仕草の途中で、つまずくように片膝の力を抜いて、また立ち直るような動作をする」とある。「おごつく」は、「おどおどする。びくびくする」（『日国』）とあるから、こちらでも意味が通じる。

花街の芸能に詳しい作家の岩下尚史の「新橋ことば覚え書き」(「銀座百店会」)にはこんな文章があった。

〈「おこつく」ことは徳川時代以来の芝居や踊りの科《しぐさ》として珍しいものではなく、何かの動作の途中で腰を歪《ゆが》め、つまずくようによろけるが、直ぐに片足で持ちこたえることにより、気を変えて、きッぱりしたところを見せる時に用いられる。〉

(「銀座百点」二〇一八年四月号)

岩下尚史の体験によれば、新橋の老妓達は「あれだけ不運が続けば、大抵おこつくところなのにさ」というように、ある出来事や刺激を受けた結果、抽象的に「破綻する」とか「つまずく」の意味で使っていたそうだ。となると、単純に「失意の上、よろけながら、蔵の中に入って行った」意味なのかもしれない。

一方の小糸は日に二度、三度と手紙を出すが、番頭が預かったまま、机の引き出しに入れっぱなし。その手紙も六十日目くらいで、ぱったり途絶えた。若旦那は百日の蔵住まいが解けると小糸のもとへ飛び込むように駆け付けたが、すでに小糸は若旦那の身を案じ、恋い焦がれて亡くなっていた。位牌に供養の線香を上げていると、若旦那が誂えた小糸の三味線がひとりでに鳴りだした。三味線には比翼の紋が彫り込まれていた。比翼というのは、二羽の鳥が翼を並べること。比翼紋は、自分の紋と愛人の紋を組み合わせたものをいう。

「堪忍してや。生涯わしは女房と名のつくものはもらわん」

と若旦那が嗚咽していると、三味線の糸が切れたように音が止んだ。

「小糸は、もう三味線を弾きません」

置屋のお母さんが言った。

「なぜや」

「線香が立ちきれました」

で、さげになる。ほとんどの演者は線香で時間を計る昔の習慣についての予備知識をまくらで説明する。知らないとなかなかわかりづらいからだ。この「たちきり」は誰でも喋れる噺ではない大ネタだ。落語では珍しい悲恋物語だが、線香が立ちきれるという意外（実は極めて現実的）なさげで落語らしさを取り戻した。


同じく大ネタの「淀五郎」にも「おこつき」が出てくる。「仮名手本忠臣蔵」の四段目、塩冶判官切腹の場だ。大星由良之助を演じる座頭、市川団蔵は名人とうたわれたが、性格があまり良くない。予定の判官役が急病になり、格下の若手、沢村淀五郎を大抜擢したのはいいが、「下手だ」といって初日は、判官のそばに近寄らない。「意地悪団蔵」といわれるだけのことはある。

「大星由良之助、ただいま参上つかまつりました」

「近う……、近う……」

誰でも知っている有名な場面だが、花道の七三のところで平伏したまま動かない。

先代の林家正蔵を聴く。

「団蔵は、花道でおこついたまんま『苦しうない、近う近う』といわれても、傍《そば》へ来ない」

幕が下りてすぐに楽屋へ行き、教えを乞うても「判官ではなく淀五郎が切腹しているところにいかれるか。本当に腹を切ればいい。下手な役者は死んだ方がましだ」と相手にされない。

自分なりに稽古して挑んだ二日目も花道に平伏したまま動かない。

淀五郎は団蔵を刺して自分も死ぬ覚悟を決め、世話になった中村座の座頭、中村仲蔵へ暇乞いに行く。事情を察した仲蔵から「ちょっと、ここで演ってみろ」といわれた。「上手く演じようとする意識が強すぎる」などと助言をもらい、技術的な工夫も授かった。三日目、今日が最後の舞台の思いで舞台に立った。

見違えるような判官になっているのに瞠目した団蔵は「これは仲蔵の知恵だな、なんにしても傍に行かねば」と、「御前ッ……」と悲痛な声で、判官の近くに進み寄った。

「うむ、待ちかね…たァ……」

三遊亭円生（六代目）は「わざと、おこつきを見せながら」と演じる。つまづいて転びかける動作で、殿の大事に遅参した動転ぶりを表現した。「おこつきを得て」という円生の他の音源もある。普段の芝居に戻れた、という安堵の気持ちと解釈したい。

シンちゃんは「芸道物」の噺を初めて聴いたらしく「団蔵の仕打ちは今でいうパワハラか、それとも『愛のむち』なのか、紙一重ですね」と感心している。厳しい指導を受けていたら、シンちゃんのバイオリンも、もう少し増しになったかもしれないね、とお追従を言ったら、例によって指をフレミングの法則のようにくねらせながら、「そんなことは、ありませんよ」と真面目に返事を返してくる。いじられているということが、まるでわかっていない。

◎――香りのよい栴檀の木の下に生える見映えのしない南縁草

堅物で通っている大店の番頭が、芸者衆や幇間を連れて向島の花見に出かけ派手な遊びをしていると、ばったり旦那と遭遇してしまう噺が「百年目」だ。番頭は「これはお久しぶり、ご壮健で何より」などとしどろもどろになって平伏してしまった。遊びっぷりはかなり年季が入っている様子。うちしおれた番頭は帰ってくると、「これで私もお払い箱。店を持つ夢も消えてしまった」とまんじりもせずに、朝を迎えた。翌日になって主人は別にしかりもせず、次のような話をした。

「店の金を使って、遊んでいるのかと思って調べたらそうではない。感心しました。昔、中国では栴檀《せんだん》の木の下に南縁草《なんえんそう》という見映えのしない草が生える。そこで、南縁草を刈り取ってしまったら、梅檀が枯れてしまった。南縁草は梅檀の良い肥料になっていた。また梅檀は、木の葉から露をお返しに南縁草へ送る、つまり持ちつ持たれつの関係で、旦那と番頭も同じこと。約束通りに来年は店を待たせるから、頑張ってほしい」

もちろん「梅檀は双葉より芳し」の梅檀で、白檀の異名だ。「梅檀は発芽の頃から良い香りがするように、大成する人は子供の時から並外れた才能があるものだ」という俚諺で知られる。南縁草は辞書を引いても出てこない。南縁草という字を当てる落語の本が多いが、難延草という文字も見える。どうも実在する植物ではなさそうだ。

さげは主人から「向島で会ったとき、私に『お久しぶり』といったのは、どういう意味だ」と聞かれ、「もうこれで店には居られない。百年目だと思いました」と答える。

「ここであったが百年目」とは、運命のきわまる時、運のつき、悪いことが露見したときなどに用いる。こうして巡り合ったことが最後となるかもしれない機会。探していた敵に出会ったときにいう言葉だ。年貢の納め時の意味だ。気が動転していたから、誇張して用いられた百年を文字通りに解釈して、咄嗟に「お久しぶり」と出てしまった。

真面目一筋、遊びとは無縁のシンちゃんは、時代をさかのぼって江戸時代の都市空間に遊べるのがたまらなく楽しいようだ。

「昔は風流な遊びがあったのですね。隅田川は大川といったのは、知りませんでした。船宿というのも、一度は行ってみたかったですね」
シンちゃんの目つきは、遠い昔の江戸の光景を眺めているように思える。

第八話

まくらとさげ（おち）の研究

「落語のまくらとおちを研究すると、エッセイを書くときの参考になりますね」

シンちゃんが、いかにも会得したという顔で、同意を求めてきた。その通りだ。多くのマスコミ志望者に文章の書き方を伝授する「私塾」が盛んらしい。私は三十代の頃から、マスコミ志望の大学生に文章の書き方を教えてきたが、確かに落語の構成は作文を書くときに大変参考になる。特に入社試験での作文には効能が顕著だ。

ユニークな書き出し（まくら）と、おちに関連を付けて、登場人物を自在に動かせれば、それだけで高い得点を得るはずだ。最新の傾向は人の目を惹く書き出しをあらかじめ用意しておいて、どんな題が出てこようともそれを使うのだという。なるほど、なるほど。高レベルの裏技かもしれないが、それも四十八手の一つだろう。

◎――独活が刺身のつま（妻）になる

落語にはまくらが付き物だ。落語に限らず、商談にしても会議、陳情にせよ、いきなり本題に入ることはない。単刀直入という言葉もあるが、時候の挨拶とか近況などを冒頭に置くのが普通だ。手紙やスピーチも同じだ。小説やエッセイでも書き出しの冒頭部分に多くの力を込める。古いところでは『平家物語』、明治になって夏目漱石の『草枕』、昭和初期の川端康成『雪国』などの書き出しが称揚されているのはご案内の通りだ。「ご案内の通り」と「材木屋の泥棒」みたいに気取ったのは、落語家の常套句だからだ。なぜか理由はわからないが、落語家は「ご承知の通り」とか「ご存じのように」の場合に、ほとんどが「案内」を用いる。

三遊亭円生のまくらだけを集めた『噺のまくら』という本がある。もちろん、すべてが円生のオリジナルではない。古くから伝えられてきたものが多い。古典的な名作ともいうべき小噺もある。

例えば「江戸の名物」といえば……。

〈武士、鰹、大名、小路《こうじ》、生鰯、芝居、むらさき、火消し、錦絵。

そのほかに、まだ追加がありまして、

火事、喧嘩、伊勢屋、稲荷に犬の糞。

なんという、犬の糞なんてどうもあまりいい名物ではありません。〉

（朝日文庫）

これは「鼠穴」のまくらとあるが、火事つながりで「二番煎じ」、武士から「たがや」でもいい。火消しから、「火事息子」「富久」なども挙げられよう。

もうひとつ「縁の不思議」を紹介する。

〈昔からご縁ということを申します。

縁は異なものさて味なもの　独活《うど》が刺身のつまになる

という都々逸がございますが、なるほど、縁というものは考えると妙なところにあるもので……。

袖ふり合うも他生の縁　つまずく石も縁の端

石にけつまずいて生爪をはがすことがありますが、これも縁のうちだといいます。考えりゃどうも、少し痛い縁で……。〉

円生は「猫忠《ねこただ》」のまくらに使っているが、夫婦の縁から「垂乳根」「厩火事」などに使う演者もいる。いってみれば、これらは「まくらの古典」ともいえるだろう。

◎――小三治の長いまくらで思い出すこと

まくらを聴いただけで、今日は何を演じるのか、その日の演目がわかることもある。大店の主人と遊び人の若旦那を想像させるまくらがあれば、「湯屋番」「船徳」「唐茄子屋政談」「二階ぞめき」などなどだ。

独演会やホール落語の場合、プログラムなどで事前に発表することはあるが、通常、寄席などでは、当日の演目をあらかじめ明示しない。演者が高座に上がった段階で何を話すかを決める。前に上がった演者の噺と重複しないよう、楽屋にある「ネタ帳」に前座が記録しておく。

柳家三三の高座で聞いた話だ。まくらをしゃべっている途中に、客席のカップルの男がいかにもしたり顔で「今日の噺は『〇〇〇〇』だよ」と連れの女性に教えていると、わざと変えるのだという。また、最近は聴きながら一生懸命にメモを取っている客がいる。だいたい女性が多い。大学の講義だって、あんなに熱心にメモしている学生は少ない。三三がふと見ると、今日は「〇〇〇〇」と書いている。これも、変更する。落語家の遊び心でもあるし、「そう簡単にまくらだけで演目を当てられては沽券に関わる」という矜持でもあるのだろう。矜持は少し褒めすぎか。本人の遊び心で、もしかしたら嫌味なのかもしれない。

まくらが長いのは柳家小三治だ。アメリカの語学学校入学体験記や、自分の車を駐めている自宅そばの駐車場にホームレスが住みついた話。フランク永井の「公園の手品師」を歌うこともある。「銀杏は手品師　老いたピエロ」という歌詞が気に入っている。頸椎の手術の体験談、中学校のクラス会から高校時代の回顧、「やなぎ句会」で詠んだ俳句談義、最近読んだ本の感想を話すこともある。当たり前だが面白い話もあれば面白くない時もある。鋭く人間を洞察し意外なドラマ性を交え、掌編小説のような味わいを感じることもあった。

まくらが長くなるのは、先刻自分でも承知の上だ。フランスへ行って、パリにあるユニクロの店を訪ねた話をしていた時だ。会場の若い女性から「落語を聴きたいんですッー」と黄色い大きな声が飛んだ。一瞬ひるんだような含羞が顔に浮かんだが、そのまま続けた。独演会だったか、一門会だったたか。大井町か蒲田あたりだったはずだが、忘れた。

うーん、難しいですね。小三治を聴きに来るファンのなかには、まくらに期待している人も多いのだ。落語を聴きたい、という気持ちもよくわかる。叫んだ女性も、まさか小三治のまくらが長いことを知らないわけではないだろう。

実はこの話の奥は深い。小三治のまくらだけを集めた『ま・く・ら』『もひとつ　ま・く・ら』（講談社文庫・二巻、一九九八年、二〇〇一年）がある。「もひとつ」のほうに「笑子の墓」という章がある。

小三治が真打に昇進する直前「さん治」といって二つ目のころだから一九六九（昭和四四）年になる。当時はテレビのバラエティ番組に出まくり、テレビタレント扱いをされていた。ボウリングに熱中していたさん治は、沼津での公演の前にボウリング場で遊んでいたら、まだ二十歳前の若い女性が突然に寄ってきて、いきなり「落語をやってください。テレビであんなガチャガチャしたことやってもらいたくないんです」といい放った。

帰り際にまた会ったら、「今日はどこでやるんですか」と聞かれたので、会場を教えると、「よく知っています。私はうかがえません。私は芸者なんです」という。会場には「笑子」という名前で新茶が届いていた。

訪ねて行って会おうとしたけど、沼津の仕事がそうたびたびあるものではない。その時いわれた「落語をやってください」という言葉は大切な「お守り」のように小三治の胸にきざみつけられていた。数年後沼津に行く機会があったので、会場で経緯を説明したら笑子を知っている人が現れた。しかし残念なことに笑子はすでにこの世の人ではなかった。まあ、短篇小説を読んでいるような起伏に富んだストーリーで、笑子の短い人生には複雑で数奇な事情が秘められていた。後にお墓へお参りしたとだけ、書いておく。客席から声を出した女性が、この話を知っていたのかどうか。小三治は高座で笑子のことを思い出したに違いないのだが……。まあ、そんなところです。

さん治が笑子と初めて沼津で会った二年ほど前に、結城昌治はこんな文章を書いている。小説『志ん生一代』を連載するのは九年後のことになる。

〈福永武彦氏と画家の金子千恵子さんをお誘いしてイイノ・ホールの精選落語会へ行く。志ん生、文楽、円生、正蔵、小さんがレギュラーで、毎回交替で若手の噺家が前座をつとめる。今回はさん治の「道具屋」。前半調子がでなかったようだが、もっとも有望な若手で、私が請合っても仕様がないけれど、このまま地道にすすめば大成すること請合いだ。〉

（「小説現代」一九六七年九月号、『酒中日記』中公文庫）

結城が具眼の士であることを証明しているが、さん治が長じて「人間国宝」に上り詰めるとまでは思わなかったろう。

多くの人は真剣に小三治の長いまくらを聞いている。一生懸命笑うところを探してちょっとでも面白いとすぐに大きな声で笑う。他の人に笑い遅れまいと、懸命になっている。なんでこんなところで笑うのだろう、と不思議に思う時がある。昔はくだらない「くすぐり」や駄洒落に、お客は笑わなかった。なんでも笑えば良いというものでもない。面白くないところで笑う客や酔った挙げ句に野次や半畳を入れる客は「せこきん」だ。

最近の、笑うところを探して、大きな声で笑う傾向は「寅さん」の映画から始まったのではないか。端から「笑おう」と思って来ている。たいしておかしくもないシーンにも関わらず、映画館内で声を出して笑う客が多い。ここで笑わないと、「笑い」がわからないように見下されるのを危惧しているかのようだ。

立川談志は、お客の笑いの中身について次のように述べている。

〈ひと昔前までは、よほど年期の入った技術のしっかりした芸人でなければお客は信用しなかった。

そしてその信用のある芸人が噺をしている時は無条件で噺を聞き、笑った。オーバーな表現をつかえば彼がでたら笑おう笑おうとして待っているといってもいいくらいにその芸人に身をまかせていたものだった。

また反面、嫌いな芸人や、底の浅い深みのない噺をする人たちには、まるで固く殻をとざして耳をかたむけようともしなかった。（略）

極端にいえば、昔のお客は笑うまいとし、いまのお客は、とにかく笑おうとする。〉

（『現代落語論』三一書房、一九六五年）

◎——時代とともに「おち」がわからなくなる

落語にはまくらと同様、必ずおちがあるといってもいい。またさげという言葉もある。漢字にすれば、落ちと下げだろう。世間に出回っている落語書ではオチとかサゲというように、片仮名で記す人が多い。立川談志は「落げ《さ》」と『現代落語論』（三一書房）のなかで表記している。本書では、少しばかり読みにくいかもしれないが、平仮名でおちとさげを用いた。片仮名で表記すると、どうしても品位に欠ける気がするからだ。では、おちとさげではどう違うのか。

おちを『広辞苑⑦』で引くと、「落語などの、人を笑わせて終りを結ぶ部分。さげ」とあり「話におちがつく」と用例を示している。さげはどうか。「落語などのおち」とある。わかったようなわからないような話だが、同じ意味と考えたほうがいいだろう。

柳家つばめ（五代目）は、大学出身落語家の第一号だ。国学院大学を卒業し中学校の教師を経て、小さん（五代目）に入門、一九六三（昭和三八）年に真打に昇進した。立川談志とほぼ同時に入門し、二つ目も真打もほとんど同時に昇進している。性格も肌合いも全く違うから、仲良くはないが喧嘩もしなかった。

その昔私は一夕、結城昌治に呼ばれ、つばめを交えた三人で神楽坂に遊んだことがある。落語家の幇間芸の一端を楽しむことができた。

嘱望されたが、七四（昭和四九）年に四十六歳で早世した。一番弟子が柳家権太楼（三代目）で、二つ目時代は柳家ほたるを名乗ったが、師匠が亡くなった後は柳家小さん門下に移った。

つばめは『落語の世界』という名著を遺している。一九六七（昭和四二）年講談社の初刊だが、二〇〇九年に河出文庫に収録された。巻末の落語事典でおち（落ち）について「落語の最後にあたって言うくすぐりで重要視されている。さげ、ともいい、各種ある」と説明している。

さげを引く。「おちのこと。落語のおしまいにする意。内部では『さげ』という方が多い。はっきりした『おち』でなくとも、おしまいにすることを『さげ』と言うから、『おち』より意味は広くなっているようだ」

何となく同じようで違うところがわかりますね。おちと言うと、なにか笑いがともなう感じがする。落語は最後に必ず笑うとは限らない。しんみりする結末もある。となれば、さげの範囲が、広いというわけだ。

先に取り上げた「たちきり」でも触れたが、あらかじめ分かりにくい内容を、まくらなり噺の途中で説明することがある。「仕込み」ということも述べた。本来は伏せておくべきだが、どう考えても知るはずがない難解な事柄や習俗だ。例えば「藪入り」に出てくるが、昔はねずみを捕まえると交番で買い上げてくれた。丁稚などのおこづかいになったのだ。

あるいは消滅した職業などで現代では死語になったような言葉が挙げられる。「らくだ」の願人坊主《がんにんぼうず》に「百川」の四神剣《しじんけん》、「花見の仇討」の六部《ろくぶ》などだ。

願人坊主については、第四話の酒の冷やのところですでに説明した。

四神剣とは、天の四方の神をつかさどる神、つまり東は青竜、西は白虎、南は朱雀、北は玄武。玄武は亀に蛇が巻き付いている水の神。この四つの神を描いた仗旗《じょうき》の頭には鉾が付いているところから、四神剣とも言われる。大相撲の土俵にある四本柱（現在は「房」）はこの四つの神を意味している。

「百川」は前にも触れたが、日枝神社の氏子で、魚河岸の威勢のいい若者たちが日本橋の料亭で会食をしていた。その日に口入屋からの紹介で、店に来たばかりの百兵衛は地方の出身だから、いささか訛がある。「主人家《しゆじんけ》の抱《かか》え人《にん》」といっているのを河岸の連中が「四神剣の掛け合い人」と混同するところから、ボタンが掛け違って行く。

客人から頼まれて百兵衛は使いに行くが、常磐津の師匠、歌女文字《かめもじ》と医者の鴨池玄林《かもじ》を間違え、お前は抜け作だと罵倒される。

「おらあ、百兵衛という名だ。どこが抜けてるね」

「全部抜けてらぁ……」

「か、め、も、じ、に、か、も、じ……。いやあ一文字しか抜けてねえ」

花見の趣向で、仇討の真似事を企画した仲良し四人組の噺が「花見の仇討」だ。上野の山（飛鳥山とする演者もいる）で、浪人（八五郎）と二人の巡礼がチャンチャンバラバラやっていると、六十六部（略して六部とも）に扮した半公が、仲裁に入る。

六部というのは、背中に法華経文の入った笈櫃《おいびつ》を背負い、全国六十六か所の霊場に一部ずつ奉納して旅をする。江戸の末期には、普通の人も加わり米や金の施しを受けて巡礼した。衣装は鼠色の木綿の着物に笠をかぶる。

半公が設えた笈櫃には経文ではなく、三味線に酒肴が入っている。仲裁の後は派手に花見酒を楽しもうという手の込んだ仕掛けだ。当日、浪人役の八五郎が早くから上野の擂鉢山《すりばちやま》の頂上近くで、煙草をくゆらせながら待っている。

六部役の半公は間が悪く、上野の山の下で叔父さんに見つかってしまう。耳が遠く、酒と腕っぷしが滅法強い。本所の家にまで連れていかれ、酔いつぶれてしまった。

巡礼役の二人は途中の往来で念入りに殺陣の稽古をしていたら、仕込み杖が酔った武士に当たり絡まれる。とっさの機転で仇討のためと言い逃れた。武士は助太刀をするから、安心しろといって山に消えた。六部役が来ないので、仕方なく三人でもっともらしく仇討の殺陣を演じていると、先刻出会った武士が、「みどもが助太刀いたす……」と現れた。斬られては大変とばかり、三人であわてて逃げ出す。

「これこれ逃げるに及ばん、形勢はまだ五分五分だ」

「肝心の六部がまだ来ません」

六部が重要なキーワードになっているから、どうしても詳細な説明が必要となる。登場人物が多く、難しい噺だ。浪人役が半公で、六部が八五郎とする演者もいる。

六部がさげに絡んでる噺には、前話で取り上げた「山崎屋」がある。横山町の鼈甲問屋山崎屋の若旦那は、番頭や鳶頭と企んで吉原の花魁《おいらん》を身請けして夫婦となったが、父親が前歴に興味を持ったところで、六部が出てくる。今どき六部なんて言葉を知っている方がおかしいくらいのものだ。

◎――「おこわにかける」とは

さげで最もわかりにくいのは「居残り佐平次」だろう。川島雄三監督の名作、映画「幕末太陽傳」（一九五七年）でフランキー堺が佐平次役を演じたので、なじみが深い人も多いはずだ。映画には「居残り佐平次」だけでなく「品川心中」「三枚起請」「お見立て」など、複数の噺が盛り込まれている。遊郭などで遊んで金が払えない時は、若い衆《し》がお客に同行して取り立てに行く。これを「馬」という。よく知られている噺が「付き馬」だ。「馬」が行っても無理とわかれば「居残り」といって、遊郭に留め置かれ、こき使われる。

　佐平次は仲間四人を連れて品川の遊郭で豪遊する。仲間は翌朝早くに退散した。請求を受けると、今晩あの四人が金を持ってもどってくるなどと調子の良いことを言って流連《いつづけ》ているうちに、とうとう布団部屋に放り込まれる。天性の陽気な性格に加え、機転が利くものだから掃除を手伝い、花魁の相談相手になって手紙を書いたり、座敷に呼ばれれば幇間もどきの客あしらいで人気者になる。「いのどん、いのどん」と呼ばれ、心付けを一手にもらうものだから、店の若い衆たちは面白くない。

　主人に言いつけて、追い出しを図った。この主人が実に善い人で、佐平次にちょっと脅され金子と着物を与えた。外へ出た佐平次に若い衆を尾けさせると、「俺は、居残りを業としている『居残り佐平次』というものだ。人の善い主人によろしく言ってくれ」といって去って行った。

帰ってきた若い衆が「大変な野郎でした」と主人に報告する。

「どこまであたしをおこわにかけるのだ」

人の善い主人も、さすがに怒り心頭の面持ちだ。

「旦那の頭がごま塩でございます」と、さげになるのだが、「おこわにかける」がわからないと、面白くも可笑しくもない。

まず思い浮かべるのは、小豆の赤飯に代表される「強飯《こわめし》」のおこわだ。古くは甑《こしき》で米を蒸し上げるのが普通の食べ方だった。現代の軟らかいご飯は「弱飯《ひめ》」あるいは「姫飯《ひめいい》」といった。

例によって『日国』で「おこわ」を開く。「強飯」の他にもある。「人をだますこと。特に、夫のある女が夫と共謀して他人と通じ、それを言いがかりにして金銭をゆする、いわゆる『つつもたせ』にいう場合が多い」

成句で「おこわにかける」は「人をだます。一杯くわせる。特に、つつもたせをすることにいう場合が多い」と載っている。語源は「おお、恐《こわ》」という恐怖の念からきたと考えられる。なるほど、なるほど。しかし佐平次の場合は、「つつもたせ」は関係がなさそうだ。

赤飯にごま塩を振りかけるのは、誰もが知っている。昔の人は三分刈りとか五分刈りといった短髪が多かった。黒い毛に白髪が混ざって来ると、ごま塩頭といった。あまり普通の髪型には言わない。坊主頭か短髪に使う。私が「ごま塩頭」なる言葉を知ったのは、一九四八（昭和二三）年の帝銀事件だった。新聞に載った犯人の風貌は「ごま塩頭で、厚生省の係員と名乗った」とあったので、父に尋ねた記憶がある。小学校の二年生だった。

しかし、今の若い人には「ごま塩頭」といっても、通じないかもしれない。たまたま人の善い遊郭の主人の頭は、白いものが目立ってきていたのだろう。

「よくもおこわにかけやがったな」と怒り心頭に達した時、若い衆からとっさに出た言葉が、「旦那の頭がごま塩でございます」だ。

ここまで説明しなければ、通じないさげもこまる。たいがいの演者は、まくらに「つつもたせ」の説明を入れるなどして、苦労している。「ゆすりは『強請』とも書くでしょう」という国語の授業みたいなまくらを聴いたこともある。

今では、「おこわ」も通じないかもしれない。「強請」もまず読めないだろう。だから、さげをいろいろと変えて演じる人も多い。しかし、これという決定版にはまだお目に掛かってはいない。「居残り佐平次」は面白い噺なのに、なかなか聴く機会が少ない。このさげが難しいのも、ひとつの理由ではないか。

演目によって、さげを自分流に変えて演じる人は多い。あまりにも結末が暗すぎて悲惨すぎると、救いがあるように脚色をする。「唐茄子屋政談」や「浜野矩随《のりゆき》」などがその例だ。

◎――難しいのは三題噺のさげ

コラムニストの中野翠に『この世は落語』（ちくま文庫）という落語愛にあふれた著書がある。近ごろ女性の落語愛好家が増えたのは、この本の存在が大きく影響しているのではあるまいか。五十数本の落語について、その魅力と自身の感懐を表白している。あくまでも愛好家としての視点で貫かれ、その上に優れた文明批評になっているところがコラムニストとしての面目躍如たるものがある。「コラムニストになりたかった」という一念で、ジャーナリズムの片隅（といっては失礼だが）にあって長いあいだ生息してきた。その間に研ぎすまされた観察眼が鋭く落語の登場人物を解析している。

同じ編集部でフリーランスの寄稿家として毎週決まった曜日に編集部に現れ、映画評の原稿を書いていた姿が浮かぶ。原稿を書きながら、編集部に漂う時代感と奇妙で偏屈な人間群を観察していたのだろう。

中野は「さげにはあまり執着しない」という。

〈実のところ私はオチはあんまり重視していない。落語の世界にひたること自体が楽しいので、フィニッシュの仕方にはそれほどこだわらないのだ。必ずしもオチで笑わせる必要はない。どこかで噺を終わらせなくてはいけないので、とりあえずここでオワリというサイン程度のもの

であってもいいと思っている。〉

（ちくま文庫）

やはりおちが難しい噺として「居残り佐平次」の「おこわにかける」を挙げる。「おこわにかける」が死語なので、ぴんとこないから笑えないと説明している。

文芸評論家、斎藤美奈子は快作『名作うしろ読み』（中央公論新社）で「どんな作品も、書き出すことはできるが書き終わるのはむずかしい」と書いた。

落語が最後に地口（駄洒落）で終わるのも「夢」で終わるのも一種の「種明かし」であり、フィクションから現実への着地感でもある。

グリム童話の「死神の名付け親」がイタリアのオペレッタになり、それを三遊亭円朝（初代）が翻案したといわれる「死神」も、演者によって数多くのさげがある。借金で首が回らなくなった男が生きる望みを失い自殺を企てると、死神に出会った。病人に憑《と》りついた死神を退散させる秘密の呪文を教わり、医者の看板を揚げて大儲けをする。しかし遊蕩三昧の末にまた一文無しに逆戻りしてしまった。気を取り直し再び医者になるが、金に目がくらみ死神との約束を破り禁じ手を使って大金を得たものだから、死神の逆鱗に触れ地下の洞窟に連れて行かれる。

たくさん並んだ蝋燭の中で、消えかかっているのがお前の寿命で、他の蝋燭に移せば助かるとのご託宣。震える手で炎を移そうとする。「ほら、消えた」で失敗に終わるのが標準のパターンだ。いったんは成功して外へ出た途端に風が舞って消えたり、「明るいから、蝋燭はいらねえ」といって自ら消す人や、「奥さんに吹き消される人」「自分のくしゃみで消す人」「誕生日だからと、バースデーケーキに立てて、吹き消す人」など多くの「さげ」の変種、亜種が考えられた。また高座の照明を暗転させるなど、いろいろと工夫を凝らすケースもある。

ＳＦ小説風の異次元に遊ぶ奔放さがあり、洒落た掌編小説で、死に向き合う人間の欲望と分別の本質に迫る「落語らしからぬ」噺だ。落語は横町の隠居と長屋の八さん、熊さんだけの世界ではないことを教えてくれる。

さげが難しいのは、今ではあまり流行らないが三題噺だ。寄席で客から題を三つ貰い、それを盛り込んでその日のうちに一席の落語に仕立てる。人物、品物、事件（場所）の三つから選び、内一つはさげに使わなくてはいけない。三題噺の中で、一席の落語として今にまで残っているのは、「芝浜」「大仏餅」「鰍沢《かじかざわ》」などがある。

酔っ払い、芝浜、財布の題からまとめたのが「芝浜」といわれる。有名な「夢になるといけねえ」のさげも、果たして「秀逸無比」といえるかは意見が分かれるところだろう。三つのキーワードを無理矢理一つの噺にまとめるのだから、三題噺はどうしてもさげに無理が生じる。「鰍沢」のように長尺でありながら、おちは「一本のお材木（お題目）で助かった」と実に単純な地口でさげる。柳家三三の「鰍沢」を日本橋の三井ホールで聴いたことがある。噺の途中で地震が起き、しばしのあいだ場内がざわついた。三三は慣れたもので「皆さま、そのまま、そのまま、動かないでください」と落ち着いていた。やがて、揺れも収まり平静に戻った。三三は「おかげさまで、無事に収まりましたようで……」と何事もなかったかのように噺を続けた。

私は、よほど「お題目のおかげ！」と半畳を入れようと思ったが、さげを明かすのはマナー違反だし、「せこきん」（嫌な客）と思われるのは本意ではないから、喉まで出かかった言葉を飲み込んだ。

◎――伝統芸をどのように継承していくのか

江戸時代に生まれた落語をいかに現代に継承していくのか、多くの落語家が悩んでいるはずだ。例えば時代背景をどこまで残すのか。言葉、食生活、服装、住宅、職業、所作、趣味、娯楽、花街、信仰、年中行事、身分制度、社会構成、経済システム、などなど落語のテーマとなっているほとんどの事象が現代とは異なっている。明治、大正、昭和初期までは、「忠実に江戸落語を継承すべし」と考えていた人たちがいた。お客も理解していたと考えられるが、何とか通用していたと思われる。敗戦からすでに七十五年が経過し、今や新しい時代の落語に移行しつつある。もちろん既存の枠に捕らわれない新しい噺も次々に生まれている。

理解できないからといって、人物の滑稽さだけを強調したのでは、落語の残骸でしかないと主張する人もいる。現代でも時代小説が読まれているように、落語も現代に通用しなくては、存在する意味がない。急激な変革は無理としても、時代を追ってゆるやかに変容して行かざるを得ない。歌舞伎座の場内イヤホーンのように客席で解説を聞きながら、落語を聞く時代にはならないだろう。

よく老舗の料理屋や菓子店が「うちの味は、創業時の百年前と少しも変わっておりません」などと伝統の味を強調する。そんなわけはない。気が付いていないだけで、少しずつ少しずつ微妙に変化しているはずだ。だいいち原料や素材だって、変わっているのだ。

落語だって、師匠の影を追って、変わり続けている。新しいテクノロジーの発達で、過去の落語を知る機会が増えた。かつては口伝の速記に頼るしかなかったのが、レコード、テープレコーダーからテレビ、ビデオ、CDと新しい機器が登場した。

Youtubeもあれば、最近ではコロナ禍でオンライン寄席まで出現した。それだけでも、内容や表現方法が変わっていくのは当然だ。

「二〇二二年度から高校の国語の授業内容が激変すると騒がれていますが、落語を聴くのも、立派な国語教育です」

シンちゃんの発想もとうとうここまで来たか、と感慨深い。

高校のカリキュラムで必修の「現代の国語」は、小説などのフィクションや詩歌などはあまり入らず、法律や契約を巡る実用的な文章、例えば駐車場の契約書を読み解くような教材による教科書が作られようとしている。小説などを読む時間があったら、契約書や行政の景観保護などのガイドラインを勉強したほうが良いという考え方がはびこり始めている。

いま、われわれが暮らしている時代は、言葉と情を徐々に省略していく時代といってもいい。電車の切符を買うにしても、昔は「京都駅まで大人二枚子供一枚ください」と口に出して買ったものだが、今は自動券売機になった。大きな料金表や画面に表示された路線地図から行き先と料金を探し出して、お金やカードを投入しなくてはならない。

スーパーやコンビニでの買い物も同じで、少しも誠意がこもっていない店員のマニュアル化された言葉が氾濫している。それでも会話があれば良いほうで、終始無言のままカードで決済し一言も発しないこともある。

トイレの男女の別も文字ではなくイラストレーションというかピクトグラムで表示されている。一昔前は女性というと、スカートで表示されたものだ。昨今のご時世では、スカートをはかない女性も多いのではあるが。

そう考えると落語とは、究極のアナログが生き残っている大衆芸能といえる。別に「イソップ童話」にあるような道徳的教訓を落語に求めようとは思わないし、単純な勧善懲悪の物語でもない。「忠臣蔵」のような滅私奉公、忠君愛国といった忠義の押しつけもない。落語は言葉の芸で、人間が持つ志の径行と情の迷走があざなう惑乱の物語だ。さらに「人間とは何か。都市とは何か」を考えるヒントが落語の深奥に流れている。

この世の中、善人ばかりでは成り立たない。悪人は悪人なりに存在価値があるのだ。私がここで指摘する悪人とは、組織に納まらず、すこし緩い人をも含むのはいうまでもない。不倫は無論のこと、妻に売春させる不届きな亭主も登場する。人間社会の光も闇もある。都市も同じことで、「暗黒部分」のない都市は住みづらい。落語が単なる滑稽な娯楽だけではなく、いまなお生き続けているのは、人間の営みがあるからだ。大袈裟にいえば、人間がそこに生きているから、耳を傾け、落語家の一挙手一投足を見つめるのだ。

デジタル万能の時代にあって、典型的なアナログ文化の粋を追い求めれば、落語に新しい光が当たり、その影によって消えていく部分が生まれるのは必然だ。庶民の娯楽として江戸時代後期に生まれた落語が、今や人生の副読本的にもてはやされている風潮こそが、まさに「落語」そのものかもしれないけれども。

（完）

重箱の隅をつつくような些末な話に付き合っていただき、有難うございました。書き終わってから言い出しても始まらないが、このような所業が落語の鑑賞と言えるのかどうか、忸怩たるものがある。

長いあいだ編集者を務めてきたから、書き言葉にせよ話し言葉にせよ、日本語が気になって仕方ない。落語を聞いていると、辞書にも載っていないような言葉と出会うこともあれば、機会があれば、どこかでぜひ使ってみたいと思うような言葉もある。

江戸時代にはこんな言葉を使って、町民たちが話していたのだろうかと思いを馳せ、江戸の風を感じることもある。落語を通じ、時代を超えて日本人の気風、心意気、情感を共有できるのは幸せなことだ。本書から私たちが日常何気なく使っている言葉に関心を持っていただき、ひとつ落語でも聞いてみようかという興味を抱いてくれればこんなうれしいことはない。

本文でも繰り返し述べたように落語は口伝による継承なので「正本」がない。題目に始まって登場する地名、人名、履歴、ものの値段など、演者の好みによってまちまちなのだ。流派による違いもある。別に統一する必要もないし、楽しむのに格別の差しさわりはない。本書に取り上げたのは、あくまで「一例」と考えてもらえればありがたい。

古今亭志ん生は、「落語は教科書じゃあないんだから……」と息子の馬生に諭したと書いた。しかし今こそ「落語を教科書に」といいたい。国語の授業で、碌でもない実用文を学ぶくらいなら、どれだけ有用かわからない。


本文では敬称を略し、引用文を除いて、人名などは旧字体ではなく、新字体を用いた。円楽という表現に違和感を覚える人がいるかもしれない。しかし、円を圓にするだけでは済まない。圓樂としなければならない。失礼だが新字体を採用した。ご寛恕いただきたい。

ところで、我らがシンちゃんの近況だが、コロナ禍の最中にあって開業医の使命感に燃えて、いざとなったら診療所に泊まり込み、地域の医師会と協力して医療活動に邁進する覚悟だという。ＮＨＫで放映した「伊達公子の『奇跡のレッスン』」を観て、またテニスを頑張ろうという気が起きてきたというから、まだまだ若い。同じＮＨＫのドキュメンタリー番組「聖なる巡礼路を行く～聖地サンティアゴ・デ・コンポステーラ」も、「『人類みな兄弟』という通俗的過ぎるコンセプトが鼻につかないわけではないのですが……」といいながら、繰り返し観ている。きっと同行したシルクロードやスペインの旅行を追憶しているのだろう。この難しい時代に再訪は叶わない公算が高いからだ。

この種の駄文を連ねるには、先達の業績を参考にしなくては成り立たない。だいたい出典は本文中に記したが、『定本　落語三百題』（武藤禎夫・岩波書店）、『新版　落語手帖』（矢野誠一・講談社）、『落語登場人物事典』（矢野誠一編・白水社）は重宝した。落語家の口演を音源からテキスト化した「速記本」では、ちくま文庫の『古典落語　正蔵・三木助集』『古典落語　志ん生集』（飯島友治編）と『志ん朝の落語1〜6』（京須偕充編）には特にお世話になった。ほかCDはもちろん、ユーチューブなどのネット資料なども参考にした。あらためて感謝の意を述べたい。

本稿は、左右社のホームページを借りて、発信し続けてきた「ネッセイ」を大幅に加筆、再編集したものだ。「ネッセイ」とはネットによるエッセイの意味で、私の造語だ。独りよがりの言葉を勝手に作りだすのは、あまり良い趣味とは言えないが、世の中に市民権を得てしまった「立ち上げる」（「立て上げる」が正しい）とか「買春」などに比べたら、はるかにましではあるまいか。

ネッセイのタイトルは「鯉なき池のゲンゴロウ」という。といってもこのような成句があるわけではない。「鳥なき里の蝙蝠《こうもり》」は古くから用いられている俚諺で、『広辞苑』にも載っている。視界を陸から水の中に移して、里を池に、鳥を鯉に捩《もじ》ったものだ。古くからある本歌取り、パロディといったところで、早い話「ぱくり」だが、改竄ではない。

本来の意味は「優れた者のいないところでは、つまらない者が幅を利かす」というたとえだ。

同じ意味で「貂《てん》なき森の鼬《いたち》」とか「犬のいないところでは狐が王様」、「鷹の無い国では雀が鷹をする」などともいう。まあ、諛《へつら》い阿《おもね》るわけではないが、私なんぞはゲンゴロウあたりがほどの良いところだろう。

本書が出来上がるまでには多くの人の献身的なご尽力があった。ホームページ掲載の高配をいただいた左右社の小柳学さんと東辻浩太郎さんの目配りがなかったら、本書は陽の目を見ることはなかったろう。刊行に際しては編集部の立原亜矢子さんにお世話を頂いた。

校訂は、大学の落語研究会時代に、皇亭ペン銀（二代目）の亭号で活躍した渋谷遼典さんのお世話になった。

かつて戦友としてともに仕事をしたデザイナーの神田昇和さん、『志ん生一代』以来の長年にわたる交誼に甘え、村上豊画伯には装画を頂いた。

秋はまさに終わりの見えない新型コロナ騒動の真っただなか。基礎疾患がパジャマを着て、ウイルスと添い寝をしているような「引きこもり性自粛症候群」に陥っている身から、執筆の意欲を引き起こしていただいたシンちゃんを初めとする友人諸兄姉、縁の下で編集作業の労を取っていただいた柴野次郎さんに厚くお礼を申し上げます。

二〇二〇年長月　コロナ禍の収束を願いつつ

重金敦之

小説『志ん生一代』の打ち上げで。前列左から金原亭馬生、結城昌治、古今亭志ん朝。後列左から、著者、村上豊、畠山哲明。（1977 年 8 月銀座「銀茶寮」）

索引　主な演目（五十音順）

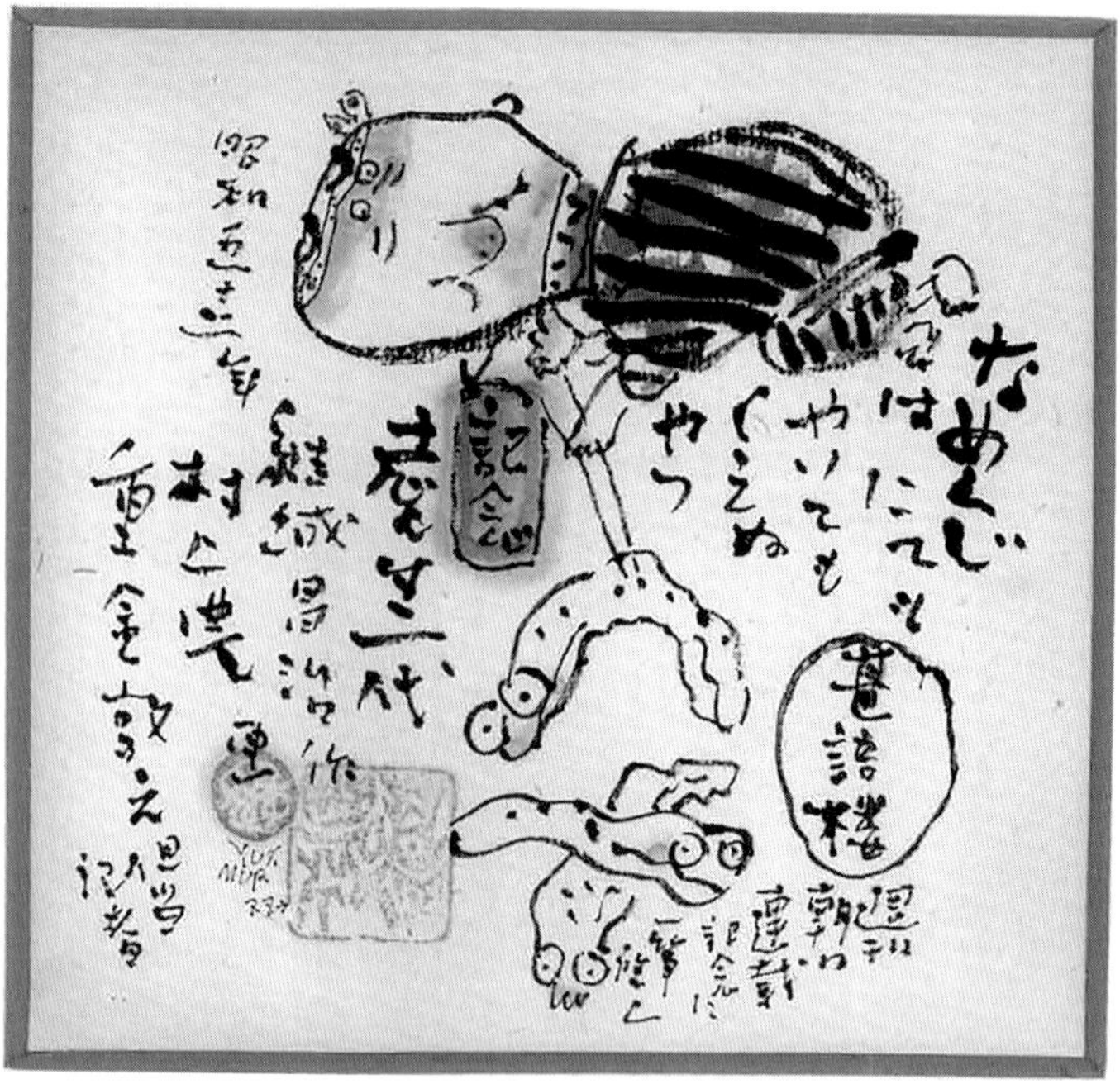

『志ん生一代』の連載完結時に村上豊画伯から贈られた記念の色紙

語句（五十音順）

重金敦之（しげかね・あつゆき）
1939年東京生まれ。慶應大学卒業。朝日新聞社入社。「週刊朝日」在任中に松本清張、池波正太郎、結城昌治、渡辺淳一など多くの作家を担当した。常磐大学教授を経て、文芸ジャーナリスト。日本文藝家協会会員。
<書誌>

『ミツバチの旅』（1970年　朝日新聞社）
『気分はいつも食前酒』（87年　朝日新聞社　のち97年集英社文庫）
『メニューの余白』（93年　講談社　のち98年講談社文庫）
『ソムリエ世界一の秘密』（95年　朝日新聞社　のち98年中公文庫）
『利き酒入門』（98年　講談社現代新書）
『銀座八丁　舌の寄り道』（98年　TBSブリタニカ）
『食の名文家たち』（99年　文藝春秋）
『舌の向くまま』（2000年　講談社）
『池波正太郎劇場』（06年　新潮新書）
『すし屋の常識・非常識』（09年　朝日新書）
『美味は別腹』（09年　ランダムハウス講談社）
『小説仕事人・池波正太郎』（09年　朝日新聞出版）
『作家の食と酒と』（10年　左右社）
『編集者の食と酒と』（11年　左右社）
『愚者の説法　賢者のぼやき』（12年　左右社）
『食彩の文学事典』（14年　講談社）
『ほろ酔い文学事典――作家が描いた酒の情景』（14年　朝日新書）
『淳ちゃん先生のこと』（18年　左右社）
＊他に編著、共著多数

落語の行間　日本語の了見

2020年11月6日　第1刷発行

著者　　重金敦之

発行者　小柳学

発行所　株式会社左右社

150-0002 東京都渋谷区渋谷2-7-6 金王アジアマンション502

Tel 03-3486-6583　Fax 03-3486-6584

印刷　　精文堂印刷株式会社

©2020, Atsuyuki Shigekane

Printed in Japan　ISBN 978-4-86528-297-9

本書のコピー・スキャン・デジタル化などの無断複製を禁じます。

乱丁・落丁のお取り換えは直接小社までお送りください。

重金敦之の本

作家の食と酒と

本体価格一八〇〇円

松本清張、池波正太郎、山口瞳、向田邦子……。名編集者がみた作家たちの食と酒の風景が生き生きと蘇る。「本の話」での連載のコラム、「酒屋に一里、本屋に三里」も収録。

編集者の食と酒と

本体価格一八〇〇円

「編集者と作家の距離は、遠くて近いのか、それとも近くて遠いのか」など、ベテラン文芸編集者の体験と編集者の生態、そして編集者からみた作家・書店・書籍などを論じる。

愚者の説法　賢者のぼやき

本体価格一八〇〇円

松本清張、池波正太郎、渡辺淳一らを長年担当してきたベテラン文芸編集者の日々のあれこれ。東日本大震災後の一年間の人びとの心の動きとメディアを巡って綴られたエッセイ。

淳ちゃん先生のこと

本体価格一八〇〇円

デビュー以来第一線を走り続け、「失楽園」「愛の流刑地」「遠き落日」などのベストセラーを生んだ渡辺淳一。そのデビューから最期まで編集者として並走した著者による回想記。